KB260215

우리는
이미
리더입니다

우리는 이미 리더입니다

초판 1쇄 발행 2013년 11월 1일
   2쇄 발행 2019년 10월 15일

지은이 **조영탁** · 발행인 **권선복** · 편집주간 **김정웅** · 편집 **김소영, 김호연, 조웅연** · 디자인 **최새롬, 박연주** · 마케팅 서선교 · 전자책 신미경 · 발행처 **도서출판 행복에너지** · 출판등록 제315-2011-000035호 · 주소 (157-010) 서울특별시 강서구 화곡로 232 · 전화 0505-613-6133 · 팩스 0303-0799-1560 · 홈페이지 www.happybook.or.kr · 이메일 ksbdata@daum.net

값 15,000원

ISBN 979-11-5602-011-0   14300
ISBN 979-11-5602-004-2(세트)

Copyright ⓒ 조영탁, 2013

도서출판 행복에너지는 독자 여러분의 아이디어와 원고 투고를 기다립니다. 책으로 만들기를 원하는 콘텐츠가 있으신 분은 이메일이나 홈페이지를 통해 간단한 기획서와 기획의도, 연락처 등을 보내주십시오. 행복에너지의 문은 언제나 활짝 열려 있습니다.

도서출판 행복에너지 홈페이지를 방문하여 회원가입 하시면 신간발행 소식과 함께 (주)휴넷 조영탁 대표님의 행복한 경영이야기 소식을 전송하여 드립니다.

조영탁의 행복한 경영이야기
리더십 편

우리는 이미 리더입니다

조영탁 지음

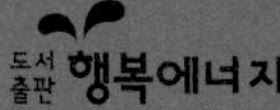
도서
출판 행복에너지

모든 조직의 성패는 리더십에 달려 있습니다. 그러나 눈을 크게 뜨고 찾아봐도 훌륭한 리더를 찾기 어렵습니다. 리더십에 대해 제대로 이해를 하지 못하기 때문입니다. 리더십은 '구성원들과 끊임없이 바람직한 영향력을 주고받으면서 조직의 탁월한 성과를 달성해 나가는 과정'입니다. 꼭 리더의 자리에 있는 사람들이 리더십을 발휘하는 것은 아닙니다. 신입사원이라 하더라도 '바람직한 영향력'을 발휘할 수 있다면 그가 곧 리더인 것입니다.

존경받을 수 있는 인격을 갖춤으로써, 정직하고 책임감 있는 행동과 겸손과 솔선수범을 실천함으로써 바람직한 영향력을 발휘할 수 있습니다. 또한 구성원들에게 희망찬 미래상을 제시함으로써, 변화와 혁신에 앞장섬으로써, 섬기고 봉사함으로써 누구나 바람직한 영향력 즉 리더십을 발휘할 수 있는 것입니다. 이러한 리더십의 원리를 깨닫고 끝없이 공부하고 경험을 쌓고 역경을 겪어나가면서 누구나 훌륭한 리더로 성장해 나갈 수 있습니다. 여러분이 바로 리더입니다.

본서는 지난 10년간 발행된 '조영탁의 행복한 경영이야기' 중 리더와 리더십에 관한 내용을 모아 엮은 것입니다.

10년 전 어느 날, '어차피 하는 공부라면 남들과 함께 나누자'는 소박한 생각으로 조영탁의 행복한 경영이야기를 시작하였습니다. 초기에는 초일류 기업과 훌륭한 경영자, 경영학자들을 연구하면서 '위대한 기업'의 조건을 밝히고 그 결과를 공유하였습니다. 점차 경영을 넘어 자기계발, 리더십, 문학, 철학, 역사를 포함한 인문학까지 범위를 확대했습니다.

권당 하나의 주제, 주제당 한 시간을 가정할 경우 대략 2,500여 권의 책, 2,500시간을 행복한 경영이야기에 투자했다 할 수 있습니다.

그동안 200만 독자로부터 분에 넘치는 사랑을 받았습니다. 그러나 행복한 경영이야기로 인해 가장 행복한 사람은 바로 저입니다. 행복한 경영이야기 덕분에 신나게 공부하고 활기차게 생활할 수 있었습니다. 매일 새벽 6시 30분에 출근하여 책을 읽고 촌철활인의 통찰을 메모하며, 주옥같은 명언을 발췌했습니다. 소위 '10년 법칙'처럼 꾸준한 학습을 해온 덕에 경영과 리더십, 인생을 살아가는 법을 조금은 터득하게 되었습니다.

여러분의 분에 넘치는 사랑에 보답코자, 지난 10년간의 행복한 경영이야기를 꿈과 비전, 긍정, 열정, 인간관계, 리더십, 실천, 경영, Best 행경 주제로 정리하여 총 10권의 책으로 출간하였습니다.

동서고금을 통틀어 2,500여 책에서 가장 감명 깊은 구절들을 뽑아 엮어놓고 보니, 이대로 세상을 살아갈 수만 있다면 누구나 행복한 인생, 성공하는 삶을 살아갈 수 있을 것이라는 생각이 듭니다. 본서가 독자 여러분의 행복한 성공에 조금이라도 도움이 될 수 있기를 기원합니다.

조영탁

목차

PART 1 리더와 리더십

PART 2 리더의 자질

PART 3 리더의 책임과 역할

조 영 탁 의 행 복 한 경 영 이 야 기
리더십 편

리더와 리더십

바람직한 영향력을 행사하면 누구나 리더다

바람직한 영향력을 행사하면
누구나 리더다

리더가 되기 전, 리더가 되고 난 후

리더가 되기 전 당신의 성공은 당신 한 사람에 국한된 개념이다. 맡은 분야에서 당신이 보이는 실적과 기여, 해법 같은 것들 말이다. 하지만 일단 리더가 되고 나면 그 사람의 성공은 다른 사람을 어떻게 키우느냐에 좌우된다. 리더의 성공은 그 사람이 뭘 하느냐가 아니라 그가 이끄는 팀이 어떤 성과를 내느냐에 달려있다.

— 잭 웰치(GE 전 회장)

촌철활인 | 한 치의 혀로 사람을 살린다

리더가 되기 전에는 '그 사람 일 잘한다.'로 평가받지만, 리더가 되고 나서는 '그 부서 실적이 좋다.'로 평가 받습니다. 따라서 리더는 어떻게 하면 내가 뛰어나 보일까 고민하는 것이 아니라, 어떻게 하면 우리 팀원들이 성장하고 일을 더 잘할 수 있도록 만들까를 주로 고민해야 합니다.

리더 스스로
금메달을 따려 하지 말라

리더가 반드시 기억해야 할 원칙이 있다. 스스로 공로를 세우려 하거나 '금메달'을 따려고 하지 말라는 것이다. 사실 구체적으로 보이는 공로는 작은 것에 지나지 않는다. 리더는 작은 공로에 연연하지 말고 '금메달리스트'를 기르고 '단체 금메달'을 따는 등 큰 공로를 세우는 데 주력해야 한다.

– '노자처럼 이끌고 공자처럼 행하라'에서

촌철활인 | 한 치의 혀로 사람을 살린다

세계적 바이올리니스트 사라 장의 이야기도 함께 살펴보세요. "나의 연주 목적은 '같이 연주하는 분들을 빛내주고 그들의 음악성이 드러나게 해주는 것'입니다. 내가 드러나는 것보다 '다른 사람이 나로 인해 즐거워하는 것'을 즐깁니다."

나는 보스인가 리더인가

보스는 두려움을 만들고, 리더는 확신을 창조한다. 보스는 비난을 돌리고, 리더는 잘못을 바로잡는다. 보스는 모든 것을 알고 있고, 리더는 질문을 한다. 보스는 일을 힘들게 만들고, 리더는 흥미롭게 만든다. 보스는 자신에게만 관심을 가지고, 리더는 조직에 관심을 가진다.

– 러셀 유잉(Russel H. Ewing)

촌철활인 | 한 치의 혀로 사람을 살린다

높은 자리를 차지하고 있는 사람이 보스입니다. 그러나 높은 지위에 올라간다고 해서 누구나 리더가 되는 것은 아닙니다. 구성원에게 비전제시, 인간 존중, 책임과 정직성, 솔선수범, 임파워먼트, 변화주도와 같은 바람직한 영향력, 즉 리더십을 행사할 줄 아는 사람만이 리더라 할 수 있습니다.

바람직한 영향력이 곧 리더십

합리적인 권위는 능력에 기초를 두고 있으며 그것에 의존하는 사람이 성장하는 데 도움을 주지만, 비합리적인 권위는 힘에 기초를 두고 있으며 그것에 종속된 사람을 착취하는 데 봉사한다.

– 에리히 프롬

촌철활인 | 한 치의 혀로 사람을 살린다

리더십은 바람직한 영향력valuable influence을 통해 성과를 창출하는 과정입니다. 비전, 인간존중과 배려, 솔선수범, 감성, 동기부여, 정직, 성실. 경청과 칭찬, 섬김과 봉사. 이런 것들이야말로 바람직한 영향력의 원천입니다. 바람직한 영향력은 지위와 전혀 관계가 없습니다. 따라서 누구나 리더십을 발휘할 수 있고, 리더십을 발휘하는 사람은 누구나 리더입니다.

잠자는 능력 깨워
팀워크로 곱게 빚어내기

오케스트라를 지휘하는 지휘자는 자기는 정작 아무 소리도 내지 않습니다. 그는 얼마나 다른 이들로 하여금 소리를 잘 내게 하는가에 따라 능력을 평가받습니다. 다른 이들 속에 잠자고 있는 가능성을 깨워서 꽃피게 해주는 것이 바로 리더십 아니겠습니까?

– 벤 젠더(보스턴 필 하모닉 지휘자)

촌철활인 | 한 치의 혀로 사람을 살린다

리더는 자기가 한 일로 평가받지 않습니다. 리더는 조직 구성원들이 하는 일로 평가받게 됩니다. 따라서 조직 구성원에게 책임과 권한을 위양하고, 그들이 성공과 성장을 이뤄낼 수 있도록 섬기고 코칭하는 것이 리더의 역할이어야 합니다.

가장 훌륭한 성과를 거두는 사람은

가장 훌륭한 성과를 거두는 사람은 가장 뛰어난 독불장군이 아니다. 오히려 동료의 두뇌와 재능을 최대한 활용하는 사람이다.

– 알톤 존스(CITGO 회장)

촌철활인 | 한 치의 혀로 사람을 살린다

항우는 개인적 역량에 있어 유방과는 비교할 수 없을 정도로 뛰어난 장수였습니다. 그러나 결과적으로 시골 한량에 불과했던 유방이 천하를 통일하였습니다. 항우는 자신의 능력에만 의존한 독불장군이었던 반면, 유방은 정치, 군사, 전략에서 자기보다 뛰어난 소하, 한신, 장량을 믿고 맡김으로써 결국 천하를 얻게 됩니다.

가장 유능한 리더는

가장 유능한 리더는 하고자 하는 바를 수행하는 뛰어난 자질의 사람들을 발굴하여 옆에 둘 수 있는 탁월한 감각을 지닌 사람이다. 또한 사람들이 맡은 일을 수행하고 있을 때, 그들이 무슨 일을 하든 간섭하지 않는 충분한 자기 절제력을 지닌 사람이다.

— 시어도어 루즈벨트(미국 전 대통령)

촌철활인 | 한 치의 혀로 사람을 살린다

AOL 설립자 스티브 케이스는 "최고수준의 사람들을 영입할 수 있는 회사가 21세기의 승자가 될 것이다."라고 역설하고 있으며, 군주론으로 유명한 마키아벨리 또한 "통치자의 지성을 평가하는 첫 번째 기준은 그와 가깝게 지내는 사람들을 자세히 살피는 것이다."라고 말하고 있습니다. 최고 핵심인재를 확보하여 스스로 일할 수 있는 환경을 만들어 주는 것, 그것이야말로 유능한 리더의 핵심과제입니다.

부하 직원의 능력이
바로 당신의 능력이다

당신의 능력은 당신을 위해 일하는 직원들이 가진 능력 이상도 이하도 아니다. 바로 그것이다.

— 도널드 트럼프

촌철활인 | 한 치의 혀로 사람을 살린다

"내가 성공할 수 있었던 것은 내가 무엇을 알거나 나 스스로 무언가를 해서가 아니라 나보다 잘 아는 사람을 쓸 줄 알았기 때문이다. 이것은 누구나 알아야 할 귀한 지식이다."라고 말한 앤드류 카네기도 같은 생각을 가지고 있습니다. 수차례 들은 진부한 얘기일 수 있습니다. 그러나 이 원칙만 확실히 깨닫고 그대로 실천하는 것만으로도 지금보다 훨씬 나은 결과를 얻는 사람들이 크게 늘어날 것이라 확신합니다.

노자가 말하는 리더십

훌륭한 지도자는 아랫사람들이 큰일을 할 수 있도록 동기를 부여하는 사람이다. 그리고 자기가 임무를 완성했을 때, 백성들 입에서 "마침내 우리가 이 일을 해냈다."라고 자랑스럽게 말할 수 있도록 하는 사람이다.

– 노자

촌철활인 | 한 치의 혀로 사람을 살린다

리더는 응당 잘못된 결정에 대해서는 본인이 책임지고, 옳은 결정은 직원의 공으로 돌리는 자세를 갖추고 있어야 합니다. 만약 이와 반대로 한다면 스스로 리더 되기를 포기하는 것과 같습니다. 조그만 공을 가지고 부하 직원과 다투는 리더가 어찌 그들로부터 신뢰와 존경을 받을 수 있겠습니까?

다른 사람을 최고로 만드는 사람이
최고의 리더

리더는 다른 사람을 최우선시함으로써 맨 앞에 설 자격을 얻는다. 다른 사람을 자극하는 것이 리더의 주된 임무이다. 다른 사람들이 최고가 되지 않고서는 리더 역시 최고가 될 수 없다.

– 켄 제닝스 & 존슈탈 베르트

촌철활인 | 한 치의 혀로 사람을 살린다

자기보다도 다른 사람이 먼저 잘되게 하는 것이 좋은 리더입니다. 더 좋은 리더는 다른 사람을 행복하게 만들고, 그것에 더 큰 기쁨과 행복을 얻는 사람입니다. 그러면 저절로 따르는 사람들이 많아지게 됩니다. 따르는 이가 많을수록 더 낮은 자리로 내려갈 줄 아는 리더가 참 리더입니다.

사랑받고 칭찬받는 인기 많은 리더

유능한 리더는 사랑받고 칭찬받는 사람이 아니다. 그는 그를 따르는 사람들이 올바른 일을 하도록 하는 사람이다. 인기는 리더십이 아니다. 리더십은 성과다.

– 피터 드러커

존철활인 | 한 치의 혀로 사람을 살린다

리더십의 궁극적 지향점은 성과 창출입니다. 사랑받고 칭찬받는 인기 있는 리더이면서 제대로 된 성과를 창출할 수 있다면 더 바랄 나위가 없습니다. 그러나 당장의 인기와 장기적 성과창출은 충돌되기 쉽습니다. 리더는 올바른 일보다 인기 있는 일을 하고 싶은 유혹을 충분히 견뎌낼 수 있어야 합니다.

못된 지도자와 위대한 지도자

못된 지도자는 백성들이 경멸하는 사람이요. 뛰어난 지도자는 백성들이 존경하는 사람이다. 위대한 지도자는 백성들이 "아무나 할 수 없는 일을 했다."라고 말하는 사람이다.

– 노자(老子)

촌철활인 | 한 치의 혀로 사람을 살린다

위대한 리더의 반열에 오르기 위해서는 타인으로부터 존경을 받는 것(필요조건)은 물론, 거기서 그치는 것이 아니라 범인들이 해내지 못하는 탁월한 성과를 창출해야(충분조건)합니다. '리더는 성과로 말한다는 사실'을 옛 성현도 이미 알고 있었습니다.

리더와 성과창출

나는 '꿩 잡는게 매'라는 말을 좋아하고 즐겨 쓴다. 매가 아무리 아름다우며 용맹스러운 자태를 지녔어도 꿩이라는 성과를 낚지 못한다면 이미 매가 아니다. 즉 사업 수행에는 실속과 성과가 있어야 한다는 것이다.

– 오영교(전 KOTRA 사장)

촌철활인 | 한 치의 혀로 사람을 살린다

탁월한 성과를 창출해 내야만 비로소 리더라 할 수 있습니다. 제 아무리 비전제시, 솔선수범, 신뢰를 바탕으로 한 영향력 행사와 같은 리더의 역할을 다한다 하더라도 성과 창출 없이는 리더십이 발휘되었다 볼 수 없습니다. 또한 리더는 타고나는 것이 아니라 학습과 경험을 통해 리더로 성장해 갑니다. 전 직원 모두를 리더로 만드는 것이야말로, 조직성과를 극대화하는 최선의 길입니다.

결과가 중요하다

리더십 개발이 중요하다. 그러나 그보다 결과가 더 중요하다. 인적 자원에 대한 투자도 중요하다. 하지만 그보다 결과가 더 중요하다. 책임도 중요하다. 그러나 그보다 결과가 더 중요하다.

– 워렌 베니스(리더십 분야 대가)

촌철활인 | 한 치의 혀로 사람을 살린다

"리더십의 본질은 그 성과에 달려있다. 리더십은 그 자체로서는 좋은 것 또는 바람직한 것도 아니다. 그것은 하나의 수단이다."라고 피터 드러커 교수도 성과의 중요성을 강조한 바 있습니다. 목표로 하는 성과 창출 없이는 조직은 생존이 불가합니다. 또한 성과 창출을 위해 바르지 못한 방법을 동원하면(단기적 성과는 가능하겠지만) 장기적 생존이 불가능해집니다. 따라서 정당한 방법으로 탁월한 성과를 창출하는 것이 모든 리더의 제1 책임입니다.

실적을 통해서 잠재력을 파악한다

자신이 현재 맡은 일에 100% 집중해서 남보다 더 잘해야 한다. 잘나가던 사람들이 망치는 경우를 여러 번 목격했다. 그 이유는 다음에 어떤 일을 맡을지에 너무 신경을 쓴 나머지 지금 하는 일을 제대로 해내지 못했기 때문이다. 경영진은 실적을 통해서 잠재력을 파악하지, 잠재력을 통해서 실적을 보는 것이 아니다.

– 칼리 피오리나(HP CEO)

칼리 피오리나는 실적을 통해서 자신의 잠재력을 입증했습니다. 성과중심의 문화를 만드는 것, 조직원 모두가 탁월성을 추구하게 하는 것, 평범함이 조직에 스며들지 않게 하는 것, 이것이야말로 성과를 창출하는 리더십의 기본이라 생각합니다.

이기는 조직은
승리할 태세를 갖추고 적을 대한다

경쟁에서 이기는 조직은 이미 승리할 태세를 갖추고 적을 대한다. 경쟁에서 지는 조직은 우선 싸우고 나서 후에 승리를 구하려 한다. 지모(智謀)가 뛰어나다는 평판도 무용(武勇)이 출중하다는 찬사도 받지 못하지만 항상 이기는 지도자야말로 최고의 지도자이다.

– 라응찬(신한금융그룹 전 회장), '오십훈'에서

촌철활인 | 한 치의 혀로 사람을 살린다

리더십의 핵심은 탁월한 성과창출, 즉 이기는 조직을 건설하는데 있습니다. 우리 민족의 자랑스러운 영웅, 이순신 장군은 모든 전투에서 승리할 만한 여건을 먼저 만들어 놓고 전투를 벌였습니다. 리더는 조직의 운명을 책임지는 사람입니다. 조직원들의 생사도 리더에 달려있습니다. 막중한 책임의식 하에, 먼저 이길 수 있는 여건을 마련해 놓고 전장戰場에 나설 수 있는 리더들이 많아졌으면 하는 바람입니다.

시간을 알려주는 사람,
시계를 만드는 사람

경영자는 시간을 알려주는 사람이 아니라, 시계를 만드는 사람이다. 한 번만 시간을 알려주는 사람보다는, 그가 죽은 후에도 계속 시간을 가르쳐 줄 수 있는 시계를 만드는 사람이 훨씬 가치 있는 일을 하는 사람이다. 뛰어난 아이디어를 가졌거나 카리스마적인 지도자가 되는 것은 '시간을 알려주는 것'이고, 한 개인의 일생이나 제품의 라이프 사이클을 뛰어넘어 오랫동안 번창할 수 있는 기업을 만드는 것은 '시계를 만드는 것'이다.

– 짐 콜린스, 'Built to Last'에서

촌철활인 | 한 치의 혀로 사람을 살린다

특정 신제품이나 사업을 만들고 팔고 하는 것이 아니라 회사 그 자체를 독립적 생명체로 인식하고 공들여 만들어가는 경영자가 진정 위대한 경영자입니다. "우연히 계산기를 만들었지만, 회사 자체는 공들인 설계에 의해 만들었다."라고 얘기하는 데이브 팩커드 휴렛 팩커드 창업자는 시계를 만드는 사람의 좋은 사례입니다.

리더의 성과를 측정하는 법

리더로서의 능력은 개인적으로 이뤄낸 성과나 재직하고 있는 동안에 그 팀이 이뤄낸 것으로 판단 받지 않는다. 당신의 사람들과 그 조직이 당신이 없어진 후에도 잘 해내고 있는가에 의해 측정된다.

— 존 맥스웰

촌철활인 | 한 치의 혀로 사람을 살린다

리더십에 대한 평가 잣대는 당연히 성과입니다. 그러나 당대의 성과 창출보다 더 중요한 것은 내가 떠난 이후에도 지속적으로 탁월한 성과를 창출할 줄 아는 조직을 만들어 놓고 떠나는 것입니다. 시간을 알려주는 리더보다 시계를 만드는 리더가 많아지길 기대합니다.

사람들은 헌신하지 않는 리더를 따르지 않는다

사람들은 헌신하지 않는 리더를 따르지 않는다. 헌신은 책임을 완수하기 위해 스스로 선택한 노동시간과 자신의 능력을 개발하기 위한 노력, 그리고 동료를 위한 개인적인 희생을 포함한 모든 부분에서 드러나는 것이다.

– 스티븐 그렉(에틱스 그룹회장)

촌철활인 | 한 치의 혀로 사람을 살린다

과거에는 이유를 불문하고 무조건 상사의 지시를 따라야 한다고 생각했습니다. 그러나 요즘은 헌신하지 않는 리더, 솔선수범하지 않는 리더를 따르는 사람을 찾기 힘듭니다. 리더십은 자발적인 추종이라 할 수 있습니다. 따라서 헌신하지 않는 사람에게 리더라는 호칭을 붙일 수는 없습니다.

흥국의 길은 좁고 망국의 길은 넓다

나라를 끌고 가는 것은 결국 인재들이며, 그들은 민심의 강물을 볼 줄 안다. 그 강물은 CEO란 배를 띄우기도 하지만 전복시킬 수도 있다. 눈 맑은 CEO만이 인재를 고를 수 있고 통 큰 마음이어야 그들을 부릴 줄 안다. 그것도 한결같이 겸손하고 긴장된 마음이어야 한다. 그렇게 하기란 매우 어렵기 때문에 나라를 융성하게 하는 길은 좁고 망국의 길은 넓은 것이다. 기업도 마찬가지다.

— 최우석(전 삼성경제연구소장), '삼국지 경영학'에서

촌철활인 | 한 치의 혀로 사람을 살린다

유능한 CEO는 한마디로 말해 인재를 거느릴 줄 아는 사람입니다. 대기만성大器晩成이라는 말에서 보듯이 사람의 크기를 그릇에 비유하는 경우가 많습니다. 결국 그릇이 크다는 것은 많은 것, 큰 것을 담을 수 있다는 뜻입니다. 큰 인물들을 많이 담을 수 있는 큰 그릇이 새로운 세상을 만들어가는 큰 리더가 될 수 있습니다.

걱정하는 것이 사장의 역할이다

사장은 모든 종업원들의 걱정을 자신이 모두 짊어지겠다는 각오를 해야 한다. 걱정하는 것이 사장의 역할이다. 사장이 걱정 없이 여유 있는 모습을 보이는 회사는 존재할 수 없다. 사장은 항상 걱정하고 대책을 강구하는 것에서 보람을 느끼는 존재여야 한다.

— 마쓰시타 고노스케(마쓰시타 창업회장)

촌철활인 | 한 치의 혀로 사람을 살린다

걱정하는 것이 사장의 역할이므로, 걱정하면서 보람을 느껴야 한다는 말은 참으로 의미심장하고 가슴에 와 닿는 표현이라 생각됩니다. 그러나 사장이 걱정하는 모습을 드러내 보이면 구성원 모두가 힘들어 합니다. 걱정하는 것을 즐기되 이를 드러내지는 않는 것, 그것이 참 리더의 모습이 아닌가 생각해 봅니다.

군자(君子)의 자세, CEO가 일하는 법

2008년 어느 일요일 아침, 스티브 잡스가 매우 중요한 일이라며 전화를 걸어왔다. 아이폰에 들어가는 구글 앱의 'Google' 로고 가운데 두 번째 'o' 자의 노란색 그림자 색상이 이상하다는 것이었다. 내일 당장 사람을 보낼 테니 로고 두 번째 글자의 노란 색상을 바로잡아 달라고 했다. CEO는 그런 사람이어야 한다고 그때 배웠다. 일요일에 노란 글자의 그림자까지 고민하는 사람 말이다.

– 빅 군도트라(구글 수석부사장)

촌철활인 | 한 치의 혀로 사람을 살린다

2,500년도 더 된 동양고전 주역에 나오는 "군자가 종일토록 최선을 다해 일하고 저녁이 되어서도 자신의 일에 대해 걱정하고 내일 일을 준비하니 일이 어렵고 험하여도 허물이 없으리라."라는 대목과 궤를 같이합니다. 리더가 되기 위해선 리더가 일하는 법을 먼저 배워야 합니다.

고독을 즐기는 외로운 리더

CEO는 직원을 내보낸다든가, 프로젝트 지원을 중단한다든가, 공장문을 닫는 등 어려운 결정을 내려야 할 때가 있다. 당연한 이야기지만 어려운 결정을 내리면 불평도 나오고 저항도 있다. 리더가 할 일은 그들의 말에 귀 기울이고 자신의 입장을 명확히 설명하되 밀고 나가는 것이다. 리더란 인기상을 타려고 경합하는 것이 아니라 앞서서 이끄는 사람이다. 공직 선거에 출마할 필요는 없다. 이미 뽑혔기 때문이다.

— 잭 웰치(GE 전 회장)

"사장은 고독한가? 외롭지 않은가?"하는 질문을 많이 받습니다. 중요한 결정을 내릴 때는 가끔 외롭다는 생각을 하게 됩니다. 결정에 따른 모든 책임을 져야하기 때문입니다. 해리 트루만 대통령은 이를 두고 "All bucks stops here"라고 표현했습니다. 리더는 외로움을 즐길 줄 알아야 합니다. 또한 가끔은 직원들에게 약한 모습, 인간적 모습을 보일 줄 아는 것도 필요합니다. 직원들은 그런 리더에게서 인간적인 정과 동질감을 느끼게 됩니다.

리더십은 인기 경쟁이 아니다

사람을 화나게 만드는 것도 리더의 임무 중 하나다. 리더십은 인기경쟁이 아니다. 아무도 화나게 하지 않고, 모든 사람을 다 만족시키려고 애쓰는 것은 범인(凡人)이나 할 법한 일이다. 인기에 영합하는 리더는 맞설 필요가 있는 사람들에게 대항하지 못한다. 그리고 업무실적에 따라 보수를 주지 못하고, 현 상황에 도전하는 법도 없다. 그리하여 결국 조직 내 신뢰감과 성취도를 떨어뜨린다.

— 오런 해러리, '콜린 파월 리더십'에서

촌철활인 | 한 치의 혀로 사람을 살린다

리더는 욕먹을 줄 알아야 합니다. 모두를 만족시키려고 노력하는 리더는 조직을 실패로 이끌게 되어 결과적으로 모두로부터 비난을 받게 됩니다. 리더는 단기적 평가가 아닌 장기적 관점에 집중하면서 옳은 일을 위해 헌신할 줄 알아야 합니다.

항의하는 직원은 선물을 주고 있다

전체 직장인의 70%가 다수의 의견이나 사장의 의견과 다른 생각을 가지고 있을 경우, 자신의 의견을 입 밖에 내지 않는다. 심지어 사장의 의견이 틀렸다고 확실히 믿고 있는 때에도 그렇다.

– 워렌 베니스(리더십 분야의 대가)

촌철활인 | 한 치의 혀로 사람을 살린다

자칫 부정적, 냉소적 시각을 가진 사람으로 치부되거나 부당한 처우를 받을 수 있다고 생각하기에 불만을 제기하기가 쉽지 않습니다. 그러나 "최고의 아이디어는 창고에서 일하는 직원들과 점원에게서 나온다."라는 월마트 창업자 샘 월튼의 말처럼 모든 해답(솔루션)은 현장에 있습니다. 고객 접점 및 생산현장에 있는 이들이 자연스럽게 아니, 열정적으로 개선의견을 낼 수 있는 장치를 마련하는 것이 시급합니다.

뛰어난 사람들은 비난을 받기 쉽다

다른 사람들보다 뛰어난 행동을 하는 자는 원래 세상 사람들의 비난을 받게 마련이며, 남들이 모르는 지혜를 가진 자는 반드시 사람들에게 오만하다는 비판을 듣게 마련이다. 어리석은 자는 이미 이루어진 일도 모르지만, 지혜로운 자는 일이 시작되기 전에 안다.

– 상군열전(사기)

촌철활인 | 한 치의 혀로 사람을 살린다

"뛰어난 사람은 도를 들으면 힘써 행하려 하고, 어중간한 사람은 도를 들으면 이런가 저런가 망설이고, 못난 사람은 도를 들으면 크게 비웃는다. 이런 까닭에 웃음거리가 되지 않는 것은 도라고 할 수 없다." 노자의 도덕경에 나오는 이야기입니다. 남들이 하지 않은 새로운 시도는 늘 무모해 보이고, 그만큼 비웃음을 사기 쉽습니다. 그러나 세상은 그런 비이성적인 사람들에 의해 발전되어 왔습니다.

2 PART

리더의 자질

인품은 리더십의 시작이다

사람들은 정직한 리더, 책임지는 리더를 따른다

인간관계도 능력이다

제때 제대로 의사결정할 수 있어야 한다

소통하라, 하나의 팀을 만들라

인품은
리더십의 시작이다

리더십의 시작과 끝

리더십에 대한 토론은 보통 능력과 경쟁에 대한 이야기로 시작되지만, 반드시 한 개인의 인격과 성실성에 대한 이야기를 하는 것으로 끝이 난다. 강한 생존력과 최저의 이직률, 그리고 근면함을 자랑하는 직원이 종사하는 성공적인 기업들은 분명히 눈에 보이지 않는 무언가를 갖고 있다.

– 론 시몬스

촌철활인 | 한 치의 혀로 사람을 살린다

리더십을 공부하면 할수록 리더십은 인격과 성품, 도덕성에 기초함을 깨닫게 됩니다. 책임감과 솔선수범, 정직과 성실, 포용력을 갖추면 별도의 노력 없이도 리더십이 발현됩니다. 그러나 수많은 노력을 기울여도 도덕성과 인격 하나만 무너지면 그 순간 리더십은 흔적도 없이 사라집니다.

리더가 되고자 한다면
내 성품을 먼저 살펴보자

군자가 백성을 대할 때는 마땅히 먼저 나의 성품에 편벽된 곳을 찾아 바로잡아야 한다. 유약함은 강하게 고치고, 게으름은 부지런하도록 고치고, 굳센 데 치우친 것은 관대하도록 고치고, 완만한 데 치우친 것은 위엄 있고 용맹하도록 고쳐야 한다.

— 치현결(治縣訣)

촌철활인 | 한 치의 혀로 사람을 살린다

수신제가修身齊家 치국평천하治國平天下! 리더가 되려거든 먼저 나를 살펴보아야 합니다. 남을 대하기는 봄바람처럼, 자신에게는 가을 서리처럼(대인춘풍 지기추상: 待人春風 持己秋霜) 대할 각오가 되어있지 않다면 리더의 자리를 맡을 기회가 주어진다 하더라도 적극 사양할 줄 알아야 참 리더라 할 수 있습니다.

나를 먼저 돌아보라

사람을 사랑하되 그가 나를 사랑하지 않거든, 나의 사랑에 부족함이 없는가를 살펴보라. 사람을 다스리되 그가 다스림을 받지 않거든 나의 지도에 잘못이 없는가를 살펴보라. 행하여 얻음이 없으면 모든 것에 나 자신을 반성하라. 내가 올바를진대 천하는 모두 나에게 돌아온다.

— 맹자

촌철활인 | 한 치의 혀로 사람을 살린다

신기하게도 책임을 남이 아닌 나에게 돌리면 마음의 평화가 찾아옵니다. 내가 먼저 책임을 질 때, 상대방도 책임을 인정하게 되고 나를 신뢰하고 따르게 됩니다. 책임을 나에게 돌리는 순간 골치 아픈 문제 또한 쉽게 해결이 됩니다. 앞다퉈 책임은 나에게 돌리고 공은 위아래로 돌리는 멋진 조직과 사회를 꿈꿔 봅니다.

리더에게 가장 중요한 것은 두려워할 외(畏) 자다

벼슬살이에서 가장 중요한 점은 '두려워할 외(畏)' 한 자뿐이다. 의(義)를 두려워하며 상관을 두려워하고 백성을 두려워하여 마음에 언제나 두려움을 간직하면 혹시라도 방자하게 되지는 않을 것이니, 이로써 허물을 적게 할 수 있을 것이다.

— 정약용, '목민심서'에서

촌철활인 | 한 치의 혀로 사람을 살린다

우리는 두려움에 대한 공포 때문에 두려움에 맞서고, 두려움을 알기에 미리 삼가고 조심하게 되는 것입니다. 결국 두려움이야말로 조직의 장기적인 생존에 필수요소라 할 수 있습니다. 항상 모든 것에 두려워할 줄 아는 자세는 공직자뿐 아니라 모든 리더에게 공통적으로 요구됩니다. 구성원은 두려움을 모르는 리더가 아니라 두려워할 줄 아는 리더를 존경하고 따르게 됩니다.

지도자가 될 수 있는 사람

지도자가 될 수 있는 사람은 역경에서도 불만을 품지 않고, 영달을 해도 기뻐하지 않고, 실패해도 좌절하지 않고, 성공을 해도 자만하지 않는다.

– 장자

촌철활인 | 한 치의 혀로 사람을 살린다

지도자가 되는 것은 한마디로 끊임없이 인격을 수양하는 것과 같은 의미입니다. 시대의 석학 피터 드러커도 "리더십은 보통 수준을 초월하여 높은 수준의 인격에 달하게 하는 것이다."라고 지적한바 있으며, 제임스 버그(존슨앤 존슨 전 회장) 역시 "평균 이상의 지성과 고도의 인덕이 리더의 조건"이라 말합니다.

지도력의 첫 번째 열쇠는 자기 절제

지도력의 첫 번째 열쇠는 자기 절제이다. 자만심을 삼키지 못하면 남을 지도할 수 없다. 자만심을 누르는 것은 들판의 사자를 이기는 것보다 어려우며, 분노를 이기는 것은 가장 힘센 씨름꾼을 이기는 것보다 어렵다.

– 칭기즈칸

촌철활인 | 한 치의 혀로 사람을 살린다

징키스칸은 자식들에게 절대 자신이 가장 강하거나 가장 똑똑하다고 생각하지 말라고 가르쳤습니다. 조직의 크기는 리더의 그릇의 크기에 비례합니다. 자기가 가장 똑똑하다고 생각하는 경영자는 자기보다 작은 조직, 즉 소인국을 만들어낼 뿐입니다.

욕심이 큰 사람은
반드시 청렴하려 한다

청렴은 수령의 본래 직무로 모든 선의 원천이며 모든 덕의 근본이다. 청렴하지 않고서 수령 노릇을 잘할 수 있는 자는 없다. 청렴은 천하의 큰 장사이다. 욕심이 큰 사람은 반드시 청렴하려 한다. 사람이 청렴하지 못한 것은 그 지혜가 짧기 때문이다. 청렴한 자는 청렴함을 편안히 여기고, 지자(知者)는 청렴함을 이롭게 여긴다.

— 정약용, '목민심서'에서

촌철활인 | 한 치의 혀로 사람을 살린다

정약용 선생은 "사람들은 재물을 크게 욕심내지만, 재물보다 더욱 큰 것을 욕심내는 경우에는 재물을 버리고 취하지 않기도 한다."라고 말합니다. 저는 이것을 소탐대실에 대비해 대탐소실 大貪小失이라 칭합니다. 대탐소실 할 수 있는 사람만이 리더의 반열에 오를 자격을 얻게 됩니다. 명나라 풍유룡의 글도 함께 살펴보세요 "천하의 한없이 못난 짓은 모두 돈을 버리지 못하는 데 따라 일어나고, 천하의 끝없이 좋은 일은 모두 돈을 버리는 데 따라 이루어진다."

신뢰를 구축하는 유일한 방법

인간관계에서 신뢰를 구축하는 유일한 방법은 점차적으로 바람직한 경험들을 쌓아가는 과정을 거치는 것이다. 중요한 임무를 띤 직원들을 밀어주고 공공연히 그들의 자리를 지켜주며, 그들의 아이디어를 지지하고, 그들의 업무를 솔직하고 공평하게 평가해 주는 것 등이 바로 그것이다.

– 페르난도 바르톨로메(교수), 하버드 비즈니스 리뷰

촌철활인 | 한 치의 혀로 사람을 살린다

신뢰는 사람들의 머리가 아닌 가슴과 마음을 열게 해주며, 사람들을 활기차게 움직이게 하는 원동력이 됩니다. 또한 신뢰는 공동체를 결속시킵니다. 신뢰가 부족하면 조직은 물이나 음식, 공기, 혈액이 모자라듯 자연스럽게 살 수 없습니다.(워렌 베니스) 일반적 생각과 달리 리더와 구성원 사이의 신뢰가 마른하늘에 날벼락처럼 깨지는 경우는 거의 없다고 합니다. 신뢰를 얻는 것이나 잃는 것 모두 점차적으로 바람직한 경험을 꾸준히 쌓아가는 일을 신중히 계속할 수 있느냐에 좌우됩니다.

아이젠하워 대통령이 말하는 리더십

리더십이란 성실하고 고결한 성품 그 자체다. 리더십이란 잘못된 것에 대한 책임은 자신이 지고, 잘된 것에 대한 모든 공로는 부하에게 돌릴 줄 아는 것이다.

— 아이젠하워(미국 전 대통령)

촌철활인 | 한 치의 혀로 사람을 살린다

리더십은 부하들에게 자발적인 자기희생을 독려하는 것과 깊은 관련이 있습니다. 리더가 고결한 성품을 갖고 먼저 구성원을 위해 희생하고 봉사할 때, 비로소 부하들 스스로 조직의 목표를 향해 자기희생으로 화답하게 됩니다.

공은 남에게 책임은 나에게 돌리기

훌륭한 리더는 결과가 나쁠 때에는 창문 밖이 아니라 거울을 들여다보며 자신에게 책임을 돌리고, 성공했을 때에는 거울이 아니라 창문 밖을 내다보며 다른 사람들과 외부 요인들, 행운에 찬사를 돌린다.

– 짐 콜린스, 'Good to Great'에서

촌철활인 | 한 치의 혀로 사람을 살린다

만약 모든 게 잘못되었다면 "내 탓이다." 그저 그렇다면 "우리가 한 일이다." 잘되었을 때 "여러분 덕이다."라고 말할 수 있는 태도야말로 승리를 거두는 데 중요한 요소라 할 수 있습니다. (폴 베어 브라이언트, 엘라바마대학 미식축구 코치)

결코 만족하지 마라

늘 배우는 자세를 잃지 마라. 지식이란 절대로 고정되거나 완결된 것이 아니다. 배우기를 끝내면 리더로서의 생명도 끝난다. 리더는 결코 자신의 능력이나 지식수준에 만족해서는 안 된다.

– 존 우든, '리더라면 우든처럼'에서

촌철활인 | 한 치의 혀로 사람을 살린다

정상에 오르면 남의 말에 귀 기울이거나 배우는 것을 중단하기 십상입니다. 바로 이런 이유 때문에 정상의 자리를 지키는 것이 그토록 어려운 것입니다. 리더는 절대로 만족하는 법이 없어야 하며, 필요한 지식은 전부 알고 있으니깐 더는 배울게 없다고 자만해서도 안 됩니다. 내가 다 알고 있다고 생각하는 순간부터 퇴보가 진행됩니다.

사람의 마음을 사는 데
겸손은 필수품이다

나는 겸손의 중요성을 강조하고 싶다. 내가 의미하는 겸손은 비굴해지는 것이 아니라 다른 사람들의 의견에 귀를 기울이고 존중하는 것이다. 나는 지금까지 다른 사람들에게 귀를 기울이지 않는 매우 독선적인 사람들을 많이 만났다. 그런 사람들은 무슨 일을 하든지 실패할 수밖에 없다.

— 우이치로 나와(이토추 사장)

촌철활인 | 한 치의 혀로 사람을 살린다

경영과 리더십의 핵심은 사람들, 즉 직원과 고객의 마음을 사는 것이라는 생각을 많이 합니다. 사람의 마음을 사는 데는 겸손은 필수품이라 할 수 있습니다. 진정한 겸손은 모든 미덕중에서 가장 낮지만 깊고 굳건한 기초입니다. 나를 덜 생각하고 남을 더 생각하는 데서 겸손은 싹틉니다.

겸허함이 없으면
오래 지속되지 않는다

흥미롭게도 혹독한 역경을 딛고 성공한 사람들은 예외 없이 헝그리 정신을 가지고 있으면서도 겸허하다. 그들에게는 몇 가지 공통점이 있다. 밑바닥 생활이 길었다는 것, 자신에게 힘이 없다는 사실을 잘 안다는 것, 그리고 운 좋게 성공할 수 있었기 때문에 앞으로는 세상을 위해, 그리고 다른 사람들을 위해 살려는 것이다. 그렇게 성공한 사람들은 자연스럽게 인생 또한 좋은 방향으로 흘러가게 마련이다.

– 피터 드러커, 하마구치 나오타저 '위대한 조언'에서

촌철활인 | 한 치의 혀로 사람을 살린다

빠르게 쌓아올린 성공은 무너져 내리는 것도 시간문제일 수 있습니다. 따라서 지속적 성공을 위해서는 반드시 겸허함을 갖추어야 합니다. 성공을 당연한 듯이 받아들이는 사람은 빨리 무너질 가능성이 높고, 성공을 운으로 돌리는 사람은 지속적 성공의 가능성이 높습니다.

겸손의 힘

사람들이 내게 성공의 원인을 물을 때마다, '내가 모른다는 것을 안다는 사실' 그게 나의 가장 큰 장점이라고 말한다. 예를 들어, 삼성 GE 의료기 사장에 취임했을 때, 그 분야에는 전혀 문외한이기 때문에 각 분야의 뛰어난 사람들을 모셔다 배치하고, 그 사람들을 끝까지 믿으면서 철저하게 권한위임을 했다. 운이 좋아서 좋은 사람을 많이 만났다는 것, 그것이 성공의 원인이 아닌가 싶다.

— 이채욱(CJ 대한통운 부회장)

촌철활인 | 한 치의 혀로 사람을 살린다

마샬 골드스미스Marshall Goldsmith의 연구에 따르면 기업의 리더들은 대개 자신의 능력을 과대평가한다고 합니다. 회사의 성공이 자신의 능력에서 비롯된다고 믿기 때문입니다. 물론 내가 아닌 조직의 힘 때문에 성공했다고 믿는 겸손한 리더들도 많이 있습니다. 겸손이야말로 진정한 용기입니다. 사람들의 마음을 사는 데는 겸손만큼 큰 무기도 없습니다.

정신의 태만이 신념을 만든다

신념이 있는 사람은 왠지 모르게 위대해 보이지만, 그 사람은 자신의 과거 의견을 계속 가지고 있을 뿐 그 시점부터 정신 또한 멈춰 버린 사람에 불과하다. 결국 정신의 태만이 신념을 만들고 있는 셈이다. 아무리 옳은 듯 보이는 의견이나 주장도 끊임없이 신진대사를 반복하고, 시대의 변화 속에서 사고를 수정하여 다시 만들지 않으면 안 된다.

– 니체, '니체의 말'에서

촌철활인 | 한 치의 혀로 사람을 살린다

'논어 학이' 편에 보면 공자 역시 같은 견해를 가지고 있음을 알 수 있습니다. 바르게 배운 사람일수록 자신만 옳다는 생각을 하지 않는다. 배움이 깊을수록 완고해지지 않는 것이다. 달리 말해, 완고한 사람이란 제대로 배우지 못한 사람이다.

리더는 조직의 거울이다

리더는 조직의 거울이다. 직원들은 자신들의 행동방식, 심지어 사고방식까지도 리더를 판단의 기준으로 삼는다. 어느 정도로 헌신적이고 얼마나 노력해야 하는지, 어느 선까지 예의를 갖춰야 하고 얼마만큼 정직해야 하는지 등을 모두 리더의 모습에 비춰 결정한다. 리더는 직원들의 인생과 성공에 큰 영향을 끼칠 수밖에 없다.

– 딘 토즈볼드 & 메리 토즈볼드 '리더십의 심리학'에서

인간의 두뇌에는 다른 누군가의 행동을 보고 흉내 낼 때 관여하는 '거울 신경세포'라는 세포 조직이 있어 다른 사람의 행동을 수동적으로 바라보는 데 그치지 않고 그 모습을 '의식' 속에서 행동으로 옮긴다고 합니다. 심리학자들은 이를 '모범의 위력'이라고 부릅니다. 알베르트 슈바이처 박사는 "모범을 보이는 것은 다른 사람에게 영향을 미치는 가장 좋은 방법이 아니다. 그것은 유일한 방법이다."라고 리더의 솔선수범을 강조한 바 있습니다. 모범은 가장 좋은 교육 방법입니다.

앞장서서 행동하는 리더를 따른다

먼저 백성을 즐겁게 하고 자기가 백성의 앞장을 서면 백성에게 힘든 일을 시켜도 백성은 자신들의 노고를 잊고 분발한다. 즐거워하는 마음으로 앞장서서 위난에 뛰어들면 백성은 자신들의 죽음을 생각지 않고 궐기한다. 즐겨 한다는 것은 위대한 힘을 지니고 있다. 백성들을 격려하고 분별하게 만든다.

– 역경

촌철활인 | 한 치의 혀로 사람을 살린다

"이언교지자以言敎之者는 불종不從하고 이신교지자以身敎之者는 종從한다."라는 구절이 있습니다. '말로써 가르치는 군주는 백성이 따르지 않고, 몸으로써 가르치는 군주는 백성이 따른다는 뜻'입니다. 리더십은 수신修身에서 시작됨을 가르쳐 주는 경구입니다.

솔선수범과 자기희생의 리더십

아이젠하워 미국 대통령에게 친구가 리더십이 뭐냐고 물었다. 아이젠하워 대통령은 실을 책상 위에 갖다 놓고 '당겨보라'고 했다. 그러자 실이 당겨서 팽팽해졌다. 이번엔 '이걸 한번 밀어봐'라고 했다. 아무리 해도 실은 밀리지 않았다. 아이젠하워 대통령은 리더십은 자기가 앞장서서 솔선수범하고 자기희생을 하는 데서 나온다는 것을 보여주었던 것이다.

– 손병두(서강대 총장)

촌철활인 | 한 치의 혀로 사람을 살린다

리더는 뒤에서 전장(싸움터)으로 부하를 내모는 게 아니라 앞장서 솔선수범함으로써 동참을 이끌어 내야 합니다. 리더가 헌신하지 않는 일에 부하가 헌신할 리 없으며, 열정을 갖지 않은 리더가 부하에게 열정을 요구할 수는 없습니다. 본인이 바른 길을 가지 않으면서 부하에게 올바름을 요구할 수는 더더욱 없음을 명심해야 합니다.

행동은 말보다 훨씬 크게 말한다

행동은 말보다 훨씬 크게, 훨씬 명확하게 말한다. 직원은 상사의 타고난 관찰자이다. 상사들이 말하고 행동하는 모든 것들이 직원들에게 그들의 진짜 관심사, 목표, 우선 사항 그리고 가치관이 무엇인지를 간접적으로 가르쳐주고, 이는 놀랄 만큼 빠르게 조직에 전파된다.

– 이사도어 샤프(포시즌 호텔 창업자)

촌철활인 | 한 치의 혀로 사람을 살린다

사장이 아무리 직원들에게 말한다 해도, 직속상사가 직접 행동으로 증명하지 않는 한 이는 통하지 않습니다. 말보다는 행동입니다. 정약용 선생께서 솔선수범을 강조하신 내용을 함께 살펴보세요. "자신이 올바르게 행동하면 엄명을 내리지 않아도 지시대로 들을 것이요. 자신이 부정한 행동을 하면 아무리 엄명을 내려도 듣지 않을 것이다."

남에게 무엇을 해달라고 할 때에는

행동하라(Just go and do it). 이 세상은 단 한 가지 요소에 돈과 명예라는 보상을 제공한다. 그것은 바로 솔선수범하는 자세이다. 솔선수범하는 자세란 무엇인가? 이는 누가 시키지 않아도 옳은 일을 하는 것이다.

— 앨버트 허버드

촌철활인 | 한 치의 혀로 사람을 살린다

변화와 혁신을 시작하는 단계에서 많이 읽는 '불씨'(도몬 후유지)라는 책에는 변화를 이끌어내기 위해서는 리더의 솔선수범이 필요조건이라 말하고 있습니다. 옮겨보면 다음과 같습니다. "남에게 무엇을 해달라고 할 때에는 우선 부탁하는 사람부터 직접 해 보이지 않으면 안 된다. 해 보이고, 말하고, 들려주고, 시킨다."

우리는 한 가족이라고 말하려면

오늘날 미국 경영자들이 직원들에게 '우리는 한 가족'이라고 말하려면 매년 3~4백만 달러의 보너스를 받고 호화스러운 리무진이나 회사 제트기를 타고 다니는 행동을 당장 멈추어야 한다. 다른 모든 사람들에게는 한 쪽 길을 가도록 요구하면서 자신은 전혀 다른 길을 가는 것은 결코 공평한 일이 아니다.

— 샘 월튼(월마트 설립자)

촌철활인 | 한 치의 혀로 사람을 살린다

커민스 엔진 CEO 헨리 샤흐트는 "가장 공평한 행동은 경제 불황기에 최고경영진이 가장 많이 급여를 삭감하는 일"이라고 했습니다. 리 아이아코카, 시스코의 존 체임버스, 스티븐 잡스, 서두칠 사장, 이들은 모두 불경기에 자신의 연봉을 1달러 수준으로 낮춘 바 있습니다. 기본적으로 최고경영자가 성과에 상응하는 대가를 지급받는 것에 동의합니다. 그러나 종업원의 마음을 얻는 것이 무엇보다도 중요하다는 생각도 함께 해봅니다.

배우는 것은
흉내 내는 것에서 시작된다

백 마디 말을 들려주는 것보다 하나라도 행동으로 보여주는 것이 훨씬 더 효과적이다. 만일 부모가 결단력과 책임감을 갖고 있고 낙천적인 태도를 보여줄 수 있다면 '자녀를 키우는 법'에 관한 책들은 모두 불쏘시개로 사용해도 무방하다.

– 고든 리빙스턴(정신과 전문의)

촌철활인 | 한 치의 혀로 사람을 살린다

배우는 것은 흉내 내는 것에서 시작된다고 합니다. 아이들은 우리가 생각하는 것보다 훨씬 일찍부터 부모를 평가한다고 전문가들은 지적합니다. 부모들은 아이들이 접하는 첫 번째 성인입니다. 아이들의 성격과 인성, 습관은 부모를 모방하는 것에서 형성되기 시작합니다.

듣는 데 인색하고
말하는 데는 후한 경영자

경영자는 사업에 대한 지식 때문에 월급을 받지만, 현명한 경영자는 자신이 모든 것을 알고 있다고 생각하지 않는다. 따라서 이들은 고객과 직원, 동료들로부터 뭔가 새로운 것을 배우려고 끊임없이 노력한다. 이에 비해 자기가 다 알고 있다고 착각하는 경영자는 듣는 데 너무 인색한 반면 말하는 데는 너무 후한 경향이 있다.

– '리더십 앙상블'에서

촌철활인 | 한 치의 혀로 사람을 살린다

학벌이 좋은 사람, 많은 지식을 갖춘 사람들 보다는 뭔가 부족하다고 스스로 느끼는 사람이 더 많이 배우고, 더 많이 성취하는 사례를 쉽게 찾아 볼 수 있습니다. 많이 알고 있다는 '지적 자만심' 혹은 아직도 배가 고프다는 '지적 호기심'을 가진 사람 중 어느 편이 미래 지식사회에서 경쟁력이 있을까요?

창조적 리더의 보편적 성향

대부분의 리더는 호기심이 무척 강한 편이며 자기 성찰을 통해 능력을 계발한다. 그리고 독서를 즐기고, 광범위한 분야와 사람들로부터 정보를 습득하는 천부적 재질이 있는 반면, 다른 일부는 평생에 걸쳐 어린이와 같은 시각으로 세상을 바라본다.

– 하워드 가드너, '창조적 마인드'에서

촌철활인 | 한 치의 혀로 사람을 살린다

리더십을 계발하는 데 공통적인 요소는 확실한 자기 비전 수립, 다양한 경험, 실패와 역경을 통한 학습, 독서와 네트워킹을 통한 평생학습이라는 결론에 도달합니다.

태산이 높은 이유

태산은 흙과 돌의 좋고 나쁨을 가리지 않고 다 받아들였기 때문에 그 높음을 이루었고, 양자강이나 넓은 바다는 작은 시냇물도 버리지 않았기 때문에 저토록 넉넉해진 것이다.

– 한비자

촌철활인 | 한 치의 혀로 사람을 살린다

순수한 혈통주의, 내 맘에 쏙 드는 사람들로만 조직을 구성하면 큰 규모의 성장을 이루기 힘듭니다. 그러나 조직이 꼭 '클수록 좋은 것'은 아닐 것입니다. 큰 그릇을 지향할 것인지, 작고 단단하고 예쁜 그릇을 추구할지는 하나의 선택사항에 해당됩니다. 큰 규모를 선택할 때는 더 크게, 다양한 것들을 담아낼 수 있어야 합니다.

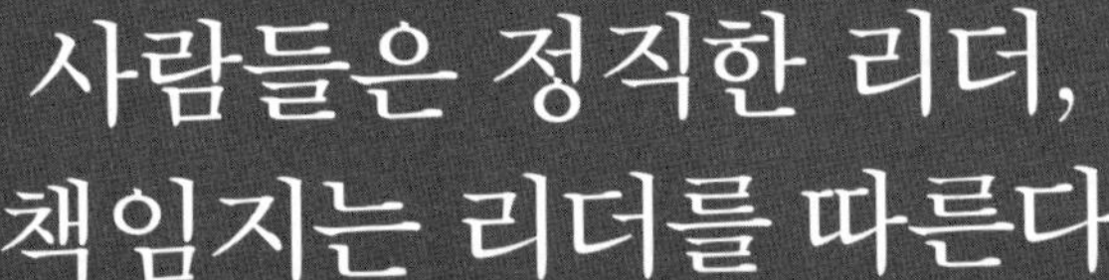

사람들은 정직한 리더,
책임지는 리더를 따른다

성직자 같은 도덕성을 지닌 리더

21세기 기업가나 정치가는 성직자에 준하는 고도의 도덕성을 가진 사람이 아니면 안 되며, 경영자의 도덕성이 기업의 성패를 좌우한다.

— 폴 케네디, '강대국의 흥망'에서

촌철활인 | 한 치의 혀로 사람을 살린다

윤리경영을 하는 회사들의 수익성이 더 높다고 합니다. 이제 윤리경영은 선택이 아닌 필수사항이며, 존슨앤존슨 같은 회사는 이를 핵심역량화하고 있습니다. 윤리경영하면, 직원비리 근절부터 생각하는 경영자들이 많습니다. 그러나 윤리경영은 '최고경영층의 성직자와 같은 도덕성' 및 거기서 파생되는 '윤리적 기업문화'에서 시작됩니다.

어려울 때 원칙을 지키는 사람

원칙은 매사가 순조롭고 편안할 때는 누구나 지킬 수 있다. 그런데 원칙을 원칙이게 하는 것은 어려운 상황, 손해를 볼 것이 예상되는 상황에서도 그것을 지키는 것이다. 앞으로도 나는 원칙을 지키기 위해 어떤 손해를 보게 될지 모른다. 하지만 나의 판단기준과 선택은 크게 달라지지 않을 것이다.

— 안철수(CEO), '영혼이 있는 승부'에서

촌철활인 | 한 치의 혀로 사람을 살린다

최근 화두는 손해가 분명한데도 원칙을 지키는 용기에 관한 것입니다. 그것은 용기와 배짱이 아니라, 세상을 사는 지혜라고 생각합니다. 당장의 이익 추구가 아닌 장기적 관점 하에 원칙을 지키는 것, 그것이 신뢰를 얻는 길이고 신뢰의 보답은 결국 이익으로 돌아오기 때문입니다.

자신의 몫보다 더 많이 책임지기

훌륭한 리더는 자신의 몫보다 더 많은 책임을 지고, 자신의 몫보다 더 적은 대가를 얻는다.

— 존 맥스웰

촌철활인 | 한 치의 혀로 사람을 살린다

훌륭한 리더들은 지위가 올라갈수록 책임은 커지고, 지위가 올라갈수록 권리는 작아져야 한다는 데 동의합니다. 그들은 책임은 커지고, 권리는 작아지는 것을 리더십 발휘에 따른 비용(?)으로 생각합니다.

부하직원의 마음을 휘어잡는
단 한마디의 말

엘리트 관료집단의 본산인 대장성에서는 노골적인 불만이 표출되었다. 다나카는 1분도 안 되는 취임사 한마디로 우려와 불만을 일거에 해소했다. "여러분은 천하가 알아주는 수재들이고, 나는 초등학교 밖에 나오지 못한 사람입니다. 더구나 대장성 일에 대해서는 깜깜합니다. 따라서 대장성 일은 여러분들이 하십시오. 나는 책임만 지겠습니다."

촌철활인 | 한 치의 혀로 사람을 살린다

대장성 직원 모두를 리더로 인정해주는 순간, 그들의 마음의 문이 활짝 열렸답니다. 겸손, 상대에 대한 존중, 그리고 스스로 책임을 지는 자세, 진정한 리더의 모습을 보는 것 같습니다.

추장의 특권

프랑스 철학자 몽테뉴가 남미의 인디안 추장 일행을 만났을 때 일화다. 그가 "추장님, 당신의 특권은 무엇입니까?"라고 묻자 추장은 이렇게 답했다. "전쟁이 일어났을 때 맨 앞에 서는 것이지요."

– '명사들이 말하는 101가지 성공 비결'에서

촌철활인 | 한 치의 혀로 사람을 살린다

보통 사람은 지위를 곧 누리게 될 권한으로 생각합니다. 그러나 훌륭한 리더는 지위가 올라갈수록 권한보다는 책임이 커짐을 알고 이를 실천하는 사람입니다.

짧지만 강력한 링컨의 편지

존경하는 마이드 장군! 이 작전이 성공한다면 그것은 모두 당신의 공로입니다. 그러나 만약 실패한다면 그 책임은 내게 있습니다. 만약 작전에 실패한다면 장군은 링컨 대통령의 명령이었다고 말하십시오. 그리고 이 편지를 모두에게 공개하십시오!

– 아브라함 링컨(미국 전 대통령)

촌철활인 | 한 치의 혀로 사람을 살린다

링컨이 남북전쟁 중 가장 치열했던 게티즈버그 전투 때 마이드 장군에게 공격 명령을 내리면서 보낸 짧은 편지 내용입니다. 책임은 자신이 지고 영광은 부하에게 돌리는 링컨, 올바른 성품과 책임감에서 나오는 '바람직한 영향력'(즉, 리더십)의 표본이라 하겠습니다.

다 여러분 덕입니다

만약 모든 게 잘못되었다면 '내 탓이다', 그저 그렇다면 '우리가 한 일이다', 잘되었을 때 '여러분 덕이다'라고 말할 수 있는 태도야말로 미식축구에서 승리를 거두는 데 중요한 요소다.

— 폴 베어 브라이언트(Paul Bear Bryant)

촌철활인 | 한 치의 혀로 사람을 살린다

리더십은 바람직한 영향력valuable influence에서 나옵니다. 책임은 자신이 지고, 영광은 부하에게 돌리는 올바른 성품과 책임감에서 바람직한 영향력이 생성됩니다. 훌륭한 리더는 자신의 몫보다 더 많은 책임을 지고, 자신의 몫보다 더 적은 대가를 얻습니다.

직원들의 환심을 사는 좋은 방법

직원들의 환심을 사는 가장 좋은 방법 중 하나가 당신의 무지나 약점을 솔직히 인정하는 일이다. 그럼으로써 당신에게는 전문성을 나눌 수 있는 문이 열리며 동시에 당신은 직원들의 치어리더이자, 후원자, 격려자가 된다.

– 캔 블랜차드

촌철활인 | 한 치의 혀로 사람을 살린다

구성원들과의 신뢰를 쌓는 지름길은 전혀 실수하지 않는 완벽함이 아니라, 보통사람과 똑같이 실수도 하고, 그것을 인정함으로써 그들로부터 인간적 친밀감을 얻어내는 데 있습니다. 세상을 바꿀 수 있는 큰 힘이 있는데도 잘 사용하지 않는 단어가 '감사합니다'와 '미안합니다'라고 합니다. 선뜻 자신의 잘못을 인정하고 용서를 빌 줄 아는 사람이 진짜 강한 사람입니다.

사과는 패자의 변명이 아닌 리더의 언어다

사과는 모든 희망과 바람, 또 불안함의 가면을 벗겨낸다. 사과할 때 인간은 가장 인간다워지고 일상생활에서 쓰고 있던 가면을 벗고 진실한 얼굴을 하게 된다. 사과는 더 이상 약자나 패자의 변명이 아니라 '리더의 언어'로 바뀌어야 한다. 사과란 단지 잘못을 시인하고 용서를 구하는 행위 이상의 가치를 지녔다.

— 존 케이더(John Kador)

촌철활인 | 한 치의 혀로 사람을 살린다

'제 잘못입니다'라는 말 한마디가 다른 사람의 마음을 열어줍니다. 책임질 줄 아는 사람, 신뢰 할 수 있는 사람으로 인식되게 합니다. 사과는 인간관계를 돈독하게 해주는 역할뿐만 아니라, 기업의 수익창출에도 도움이 됩니다. 사과는 다른 어떤 언어로도 대체할 수 없는 마법의 힘을 가졌습니다.

진정한 리더는
실수를 솔직하게 인정한다

진정한 리더는 실수를 솔직하게 인정한다. 절대 실수를 감추지 않는다. 최고의 교훈은 실수에서 나온다는 사실을 잘 알고 있기 때문이다.

– 로버트 피스크

촌철활인 | 한 치의 혀로 사람을 살린다

사람들은 완벽해지기를 원하지만 완벽한 사람처럼 매력 없는 사람 또한 없습니다. 실수를 인정하는 것은 무능함의 탄로가 아니라, 인간적 매력을 더하는 것입니다. 내 실수를 정면으로 바라보고 인정할 수 있는 용기를 가져야 비로소 더 크게 성장할 수 있습니다.

때로는 자신의 부족한 점을
과감히 드러내라

상사가 부하에게 자신의 부족함을 당당하게 표현하는 데 주저하지 말아야 한다. 리더는 접근하기 어려워 보여서는 안 된다. 일반적으로 사람들은 인간적인 약점을 보이면 전문성에 대한 신뢰가 떨어질까 염려하지만 절대 그렇지 않다. 인간적 약점은 비즈니스에서 가장 저평가되고 있는 자산이다. 이는 우리 모두가 인간이라는 점을 알게 해준다.

– 키스 페라지(미국 경영컨설턴트)

촌철활인 | 한 치의 혀로 사람을 살린다

심리학자 캐시 애론슨은 "사람들은 완벽한 사람보다 약간 빈틈이 있는 사람들을 더 좋아한다."라는 실험결과를 발표한 바 있습니다. 에론슨 박사는 이와 같이 사람의 실수나 허점이 매력을 더 증진시키는 것을 '실수 효과Pratfall effect'라 이름 붙였습니다. 리더의 그러한 행동이 아무나 할 수 있는 쉬운 일이 아니라는 것을 잘 알고 있기 때문에, 상사로서 잘못을 인정하는 모습은 아랫사람에게 비난이 아닌 감동과 존경을 불러일으킵니다.(강진구·김현기 저, '프렌드십 경영'에서)

인간관계도
능력이다

다른 사람에게 관심이 없는 사람은

다른 사람들에게 관심이 없는 사람은 인생을 사는 데 굉장히 어려움을 겪게 되고, 다른 사람들에게도 해를 끼치게 된다. 인간의 모든 실패는 이런 유형의 인물에서 비롯된다.

– 알프레드 아들러(Alfred Adler)

촌철활인 | 한 치의 혀로 사람을 살린다

월스트리트가 조사한 16,000명의 사장 중 고성과를 창출한 13%의 사장은 사람에 대한 관심과 애정 그리고 신뢰를 가지고 있었다고 합니다. 그들은 항상 부하직원의 충고를 구하고, 경청을 하는 특성도 동시에 가지고 있습니다. 진정한 보살핌은 직원들의 큰 충성심을 창출합니다. 사람을 중히 여기면 이익이 자연스럽게 따라옵니다.

경영자, 제1의 실패요인

경영자의 성공 요인과 실패 요인에 대한 조사 결과 중 가장 큰 실패 요인은 다음과 같이 나타났다 첫째는, 다른 사람들에 대한 둔감함, 마찰, 협박, 괴롭힘이고 둘째는, 다른 사람들에 대한 냉담함, 무관심, 거만함이었다.

– 모건 맥콜 & 마이클 롬바드

촌철활인 | 한 치의 혀로 사람을 살린다

진정한 보살핌은 직원들의 큰 충성심을 창출합니다. 이는 '일을 더 하라는 호된 훈계'보다도 훨씬 효과적입니다. 또한 리더가 직원들과 함께 어려움을 같이하고 인간적으로 그들에게 관심을 가질 때, 그들 역시 리더에 대한 존경은 물론이고 더 나가서는 정성을 다해 고객을 대접함으로써 회사를 성공으로 이끕니다.

사람의 마음을 돈으로 살 수는 없다

당신은 사람의 시간을 살 수 있다. 돈을 주고 특정한 장소에 있으라고 시킬 수 있다. 심지어 하루 8시간 동안 숙련된 규칙적 근육 운동을 살수도 있다. 하지만 당신은 그의 열정을 살 수 없다. 충성심을 살 수 없다. 헌신적인 마음, 정신, 영혼을 살 수 없다. 사람들은 마음이 움직일 때 비로소 고객을 섬기는 데 헌신하며, 이 마음은 결코 돈으로 살 수 없다.

– 클래런스 프란시스(제너럴 푸드 사장)

촌철활인 | 한 치의 혀로 사람을 살린다

고객의 마음을 사는 것이 영업이요, 마케팅이라면 직원의 마음을 사는 것이 곧 경영이요, 리더십이라 생각합니다. 마음을 사기 위한 처방은 먼저 사랑하는 마음을 갖는 데 있습니다. 경영자는 구성원의 마음을 사기 위해, 마케터는 고객의 마음을 얻기 위해 그들을 내 몸처럼 사랑하는 마음을 먼저 가져야 합니다.

사람 다루는 능숙한 솜씨

나는 결코 그런 사람이 아니라고 생각하지만, 이유를 생각해 보니 짐작되는 것이 하나 있습니다. 그것은 부하 직원 모두가 나보다 위대하게 보였다는 것입니다. 모두 나보다 배운 것이 많고 재능이 많은 훌륭한 사람이라는 생각이 들었습니다.

촌철활인 | 한 치의 혀로 사람을 살린다

"어떤 사장은 '우리 회사 직원은 도무지 형편없고 다루기도 힘들다'고 말하기도 합니다. 그 사장 자신이 훌륭한 사람이고 수완이 뛰어나서 부하 직원이 어딘가 부족하게 보였을 수도 있지만, 그런 회사는 반드시 경영이 잘되지 않습니다." 경영의 신이라 일컬어지는 마쓰시타의 이어지는 말입니다.

대접받고 싶은 대로 대접하라

나는 직원들을 만날 때마다 그들의 가슴에 '나는 존중 받고 싶다'고 쓰인 목걸이를 차고 있다고 생각하고, 그들을 대한다.

– 메리케이 애쉬(메리케이 애쉬 화장품 창업회장)

촌철활인 | 한 치의 혀로 사람을 살린다

존중은 상대를 중요하고 고귀하게 대우하는 것을 말합니다. 존중은 일의 성과와 관련 없이 인간이기 때문에 받아야 하는 무조건적인 것입니다. 반면 인정은 조직에 기여한 일을 기준으로 하는 것입니다. 존중과 인정 둘 다 직원들을 성장시키는 비료와 같은 것입니다. 돈 들이지 않고도 열정과 헌신을 이끌어내는 저비용 고효율의 투자 방법은 노력 여하에 따라 얼마든지 찾을 수 있습니다.

가장 존경받는 CEO를 뽑는 포춘의 기준

우리 목록에 들기 위해서 리더들이 반드시 실천해야 할 덕목이 있다. 아이러니컬하게도 투자가들이 금기사항으로 꼽는 항목이기도 하다. 그것은 바로 사랑에 빠지는 것이다.

– 포춘 편집장이 말하는 '가장 존경받는 CEO를 뽑는 기준'

촌철활인 | 한 치의 혀로 사람을 살린다

가장 존경받는 기업이 되기 위한 필요조건이 바로 가슴으로 경영하는 따뜻한 CEO라는 것을 알 수 있습니다. 고객과 직접 대면하는 현장 종업원을 최고로 생각하고 그들을 섬기는 사랑의 실천, 독자성과 자율성을 최대한 많이 부여하는 서번트 리더. 이런 리더가 바로 최고의 리더로 인정받고 있음을 알 수 있습니다.

대통령보다 중요한 신입사원

메리케이 애쉬는 대통령 주재 백악관 리셉션에 참석해달라는 초청을 받았다. 대부분의 사람에게는 이는 일생에 한 번 올까 말까 한 기회일 것이다. 메리케이는 이를 정중히 거절했다. 왜냐면, 신규 독립 뷰티컨설턴트들과의 약속이 대통령을 만나는 것보다 훨씬 중요하다고 진심으로 믿었기 때문이다.

– '핑크 캐딜락의 여인'에서

촌철활인 | 한 치의 혀로 사람을 살린다

리셉션 초청 당시 매리케이 회장은 사업차 워싱턴에 있었음에도 불구하고 달라스에 있는 신입사원 미팅에 참석하기 위해 달려갔습니다. 말뿐이 아닌 행동으로 항상 직원들을 존중하고 관심을 기울이고 그들을 진정으로 사랑하고 성장을 도운 노력이 그녀를 최고의 경영자, 최고의 리더로 만들었습니다.

내가 기업을 성공적으로 이끈 이유

사람을 만날 때마다 나에게 이렇게 물었다. 과연 내가 이 사람을 올바르게 대하고 있는가? 혹시 나도 모르는 사이에 이 사람의 기분을 상하게 하고 있지는 않은가? 그 결과 IBM을 성공적으로 이끌어 갈 수 있었고, 제가 회장을 맡기 전보다 몇 배나 큰 기업으로 성장시킬 수 있었다.

– 토마스 왓슨 2세(IBM 2대 회장)

촌철활인 | 한 치의 혀로 사람을 살린다

왓슨 회장은 어떤 기업이 성공하느냐 실패하느냐의 실제 차이는 그 기업에 소속되어 있는 사람들의 재능과 열정을 얼마나 잘 이끌어 내느냐 하는 능력에 의해 좌우된다는 사실을 그 누구보다 잘 알고 이를 경영현장에서 실천했습니다. "적을 만들고 싶다면 상대방보다 우월함을 나타내면 된다. 친구를 만들고 싶다면 상대방이 가진 장점을 칭찬하면 된다."라는 로시코프의 글도 함께 음미해보세요.

다른 사람을 설득하기 위한 준비

내가 다른 사람을 설득할 준비가 됐을 때, 내가 말하고자 하는 것이 무엇인가? 나 자신에 대해 생각하는 데 시간의 1/3을 보내고, 상대가 말하려는 것이 무엇일까, 상대에 대해 생각하는 데 나머지 2/3을 보낸다.

– 에이브러햄 링컨(미국 전 대통령)

촌철활인 | 한 치의 혀로 사람을 살린다

어떻게 내 마음과 논리를 전달해서 뜻을 이룰까 고민하는 시간의 일부분만이라도 진정으로 상대방의 입장에 처해보고, 그를 이해하고, 그에게 좋은 것이 뭔지를 생각하는데 쓴다면 역설적으로 설득의 성공률은 현저히 높아질 것입니다. 나보다 앞서 상대를 배려하는 마음이 절실히 필요한 때입니다.

편애하라, 모두를

모두가 같으면서도 다르게 대접받는다. 그게 말이 되는가? 여러분은 같은 규칙을 적용하지만 사람들은 서로 다르기 때문에 결국 다른 대접을 받게 된다. 따라서 모두가 존중받는 느낌을 갖도록 하는 방식을 써야 한다. 각 선수의 욕구나 개성을 고려해야 하지만, 동시에 모든 선수를 동등하게 대우해야 한다. 모든 선수를 편애함으로써 일반적인 편애의 폐해를 피하는 것, 그것이 바로 우승팀이 되는 비결이다.

– 필 잭슨(시카고 불스와 LA 레이커스를 미 프로농구 정상에 올린 감독)

촌철활인 | 한 치의 혀로 사람을 살린다

편애는 사람과 조직을 관리하는 입장에서는 절대적 금기사항입니다. 그러나 모두를 편애할 때는 상황이 확연히 달라집니다. 한 사람 한 사람 모두에게 각각 정성을 쏟을 수 있어야만 모두를 편애할 수 있습니다.

가까이 있는 사람을 기쁘게 하면 멀리 있는 사람이 찾아온다

2,500년 전 춘추전국시대에 섭공이라는 초나라 제후가 있었다. 백성이 날마다 국경을 넘어 다른 나라로 떠나니 인구가 줄어들고, 세수가 줄어들어 큰 걱정이 아닐 수 없었다. 초조해진 섭공이 공자에게 물었다. "선생님, 날마다 백성이 도망가니 천리장성을 쌓아서 막을까요?" 잠시 생각하던 공자는 '근자열 원자래(近者悅 遠者來)' 여섯 글자를 남기고 떠났다.

— 오종남(서울대 교수)

촌철활인 | 한 치의 혀로 사람을 살린다

사람을 소중하게 대하라 하면 흔히들 가까운 사람은 제쳐두고 남에게 잘하라는 의미로 받아들입니다. 그러나 부모, 배우자, 자녀, 상사, 동료, 부하직원, 친구 등 허물없는 이들에게 먼저 잘하는 것이 우선순위입니다. "가까이 있는 사람을 기쁘게 해줘야 멀리 있는 사람이 찾아온다."라는 '근자열近者悅 원자래遠者來'는 정치, 기업경영, 가정사, 친구관계를 망라한 모든 분야에 적용되는 원칙이라 할 수 있습니다.

직원을 기계 부속품처럼 대하지 말라

직원을 똑같이 가치 있는 사람으로서 대해 주고 회사의 기계 부속처럼 대하지 말라. 우리가 예전에 생각했던 지위나 직함을 다 벗어던져라. 모두가 함께 기여한다고 보아라.

– 빌 마카힐라

촌철활인 | 한 치의 혀로 사람을 살린다

조사에 의하면 직원들은 자신이 가진 잠재력의 30%만을 발휘한답니다. 나머지 70%, 혹은 그 이상을 발휘하게 하는 회사와 경영자가 (인재가 최고 자산인)지식사회에서 승리함은 자명한 이치라 하겠습니다. 따라서 리더십, 경영 할 것 없이 사람에 대한 관심과 배려만큼 중요한 것은 없습니다.

웨이터 법칙을 명심하라

신사를 알아보는 방법은 많지만 절대로 실패하지 않는 방법이 한 가지 있다. 아랫사람들을 어떻게 대하는가? 아녀자들에게 어떤 행동을 보이는가? 고용주는 직원을, 스승은 제자를, 장교는 부하를, 즉 자기보다 약한 사람을 어떻게 대하는가? 하는 것이다.

— 웰링턴

촌철활인 | 한 치의 혀로 사람을 살린다

식당종업원에게 험하게 대하는 사람은 절대로 비즈니스 파트너로 고르지 말라는 '웨이터의 법칙'이 있습니다. 상대방에 따라 태도가 달라지는 사람과는 가급적 비즈니스를 하지 말라는 것입니다. 자신보다 약하고 못 배우고 가난한 사람을 함부로 대해도 된다는 자세와, 어디서나 감정을 표출하는 무절제는 미성숙의 고백입니다. (김성회, '하이터치 리더'에서)

직원들은 리더가 기대하는 만큼 한다

사람들은 당신이 어떻게 기대하는가에 따라 살아나기도 하고 가라앉기도 한다. 비판적이고 깔보는 이름표를 달아주고 부정적으로 기대하면 그에 준한 행동을 하게 되고, 부정적 반응을 촉발하게 된다. 굳이 낙인을 찍어야 한다면 긍정적인 모습을 부각시키는 이름표를 붙여주자.

— 래니 어레돈(커뮤니케이션 전문가)

촌철활인 | 한 치의 혀로 사람을 살린다

일이 잘 안 풀릴 경우, 그 원인을 부하직원에 돌리고 싶은 유혹에 빠지는 리더들이 많습니다. 많은 사장들은 성과가 낮은 것을 직원 탓으로 돌리는 경향이 있습니다. 상사가 믿어주지 않는 구성원은 더 낮은 성과로 답하게 되어있습니다. 높은 성과를 원한다면 그만큼 높게 평가해 주어야 합니다.

10점 만점 대우를 해주세요

대부분 리더는 사람들에게 자신이 준 점수에 따라 대한다. 직원을 보통 수준의 5라고 생각해 5점 대우를 한다면 그들은 그에 걸맞게 행동한다. 모든 사람은 인간으로서 가치를 가지고 있다. 존경과 존엄성을 갖고 대우받을 자격이 있다. 낮은 실적을 보상하라는 말이 아니다. 사람들은 당신이 해준 만큼 행동한다. 10점 만점으로 그들을 대우하면 그들은 10점으로 보상할 것이다.

— 존 맥스웰

촌철활인 | 한 치의 혀로 사람을 살린다

모든 사람은 격려가 필요합니다. 비판받는 분위기에서 더 열심히 일하고 더 많은 노력을 기울이는 사람은 없습니다. 높은 대우는 높은 결과를 가져옵니다.

사람들은 자신을
과대평가하는 경향이 있다

사람들은 자신을 과대평가하는 경향이 있다. 운전자의 90%는 자신의 운전 능력이 평균 이상이라 생각하고, 94%의 교수는 자신이 평균적인 교수들보다 유머감각이 뛰어나다고 생각한다. 사람들은 실제 10개의 일만 하고도 15개의 일을 했다고 생각하는 경향이 있다. 부하들의 마음을 얻으려면 그들의 실제 업적보다 칭찬을 많이 해줘야 한다.

– 로버트 서튼

촌철활인 | 한 치의 혀로 사람을 살린다

직원들이 제대로 인정받았다고 느끼게 하려면 내가 생각하는 것 보다는 과장되게 칭찬해야 한다는 점을 알 수 있습니다. '인간은 자신의 가치를 인정해주는 사람을 위해 일하고 싶어 한다'는 사실을 다시 한 번 새겨봅니다.

자신이 뛰어나다고 믿게 하는 능력

위대한 감독은 선수들로 하여금 자신이 생각하는 것보다 훨씬 더 우수한 선수라고 믿게 만드는 재주가 있다. 그는 선수들에게 자신이 그들을 믿고 있다는 사실을 알게 한다. 자기가 얼마나 우수한지 깨달은 선수는 자신의 최고 기량에 미치지 못한 경기에 만족하지 못하게 된다.

– 레지 잭슨(명예의 전당에 헌정된 야구선수)

촌철활인 | 한 치의 혀로 사람을 살린다

리더십 거장 워렌 베니스는 "좋은 리더는 아랫사람들에게 들러리가 아닌 주인공이라는 느낌이 들게 해준다."라고 했습니다. 스털링 리빙스턴 박사 역시 "사람들은 언제나 당신이 기대하는 만큼만 성과를 낸다."라고 주장합니다.

칭찬거리를 찾는 것을
하루 일과로 삼아라

잘못하고 있는 순간을 잡아내면 사람들은 방어적이 되고 변명하고 회피한다. 반면에 사람들이 잘하고 있는 순간을 포착하면 긍정적인 면이 강화된다. 이는 사람들의 잠재력을 강화하고 더 잘하고 싶다는 마음이 들게 한다. 일이 잘 돌아가고 있는 순간을 포착하는 것을 하루 일과로 삼아라.

— 존 맥스웰

촌철활인 | 한 치의 혀로 사람을 살린다

부정적인 것에 초점을 맞추고 사람들이 잘못하고 있는 순간을 잡아내는 것은 그들을 개선시키는 데 전혀 도움이 되지 않습니다. 만족스러운 결과를 가져오는 행동은 더욱 강해지고 불만족스러운 결과를 가져오는 행동은 더욱 약해지는 효과를 '손다이크 효과'라 합니다. 마음만 먹으면 무궁무진하게 널려 있는 칭찬거리를 발견할 수 있습니다.

말하는 것보다 들을 때
영향력이 확대된다

많은 경우 당신이 무엇을 말해야 할지 알 때 보다 무엇을 물어야 할지 알 때 더 큰 영향력을 행사할 수 있다. 자신이 말하는 동안에는 아무것도 배울 수 없다. 나는 남의 이야기를 들으면서 많은 것을 배웠다.

– 짐 퀴글리(Jim Quigley, 딜로이트 전 CEO)

촌철활인 | 한 치의 혀로 사람을 살린다

닐 래컴은 9년 동안 뛰어난 협상가를 집중 연구한 결과 뛰어난 협상가는 더 많은 시간을 들여 상대의 관점을 이해하려 한다는 점을 발견했습니다. 뛰어난 협상가는 평범한 협상가보다 21% 더 많이 질문했고, 협상과 관련된 내용은 10% 덜 이야기했다고 합니다.

CEO가 높은 연봉을 받는 이유

CEO의 연봉이 왜 그렇게 높은지 묻는 사람들이 있다. 나는 경청의 스트레스에 대한 보상이라 생각한다. 위로 올라갈수록 아랫사람의 말을 귀 기울여 들어야 하는 경청의 괴로움이 만만치 않다. 나는 대화의 3분의 2를 듣는 데 투자한다.

                                             – A. G. 래플리(P&G 회장)

촌철활인 | 한 치의 혀로 사람을 살린다

경험 많은 리더가 부하직원의 설익은 미완의 아이디어를 중간 개입 없이 끝까지 경청하기란 쉽지 않을 겁니다. 그러나 들어주면 미처 생각지 못했던 직원의 창의성을 발견할 수 있고, 그들은 존중받는다는 느낌과 중요 의사결정에 참여했다는 주인의식을 갖게 됩니다. 들어줌으로써 마음을 사게 되는 것입니다.

경청은 잊혀져 가는 예술이다

대중에게 다가서는 지름길은 그들에게 혀를 내미는 것이 아니라 귀를 내미는 것이다. 내가 상대방에게 어떤 달콤한 말을 한다 해도, 상대방 입장에서는 자기가 말하고 싶어 하는 얘기의 절반만큼도 흥미롭지가 않은 법이다.

– 도로시 딕스(신문 칼럼리스트)

촌철활인 | 한 치의 혀로 사람을 살린다

2천 년 전 로마 정치가 키케로는 "침묵은 예술이다. 웅변도 예술이다. 그러나 경청은 잊혀져가는 예술이다. 경청을 잘하는 사람은 매우 드물다."라고 경청의 중요성과 실천의 어려움을 역설한 바 있습니다. 들음으로써 타인의 마음을 얻는, 이청득심以聽得心의 지혜를 보다 많은 사람들이 실천할 수 있기를 소망합니다.

상담의 비밀

상대방과 상담을 하는 데 별다른 비결 같은 것은 없다. 단지 상대의 이야기에 귀를 귀울이는 것이 중요하다. 어떤 아첨도 이보다 큰 효과를 발휘할 수 없다.

– 찰스 W. 엘피어트

촌철활인 | 한 치의 혀로 사람을 살린다

실제로 어떤 말을 제대로 듣고 그대로 실행하는 것도 중요하지만, 단지 상대방이 내 말을 진지하게 들어주는구나 하는 느낌을 주는 것만으로도 큰 효과(신뢰)를 거둘 수 있습니다. 대부분의 사람들이 남을 말을 잘 듣지 않기에 남을 말을 잘 들어준다는 평판 하나만으로도 차별화된 경쟁우위를 가질 수 있는 것입니다.

마케터에게 필요한 귀

마케터들은 '말하는 것을 듣는 귀' '말하지 않는 것을 듣는 귀' 그리고 '말하고 싶은데 어떻게 말해야 될지 모르는 것을 듣는 귀'를 가져야 한다.

– 마이클 H. 메스콘(Michael H. Mescon, 조지아 대학 교수)

촌철활인 | 한 치의 혀로 사람을 살린다

훌륭한 세일즈맨 중에는 말을 많이 하기보다는 과묵하고 남의 말에 귀를 기울이는 사람들이 많습니다. 이는 마케팅뿐만 아니라 모든 분야의 리더에게 통용된다 하겠습니다. 대부분의 사람들은 생각을 있는 그대로 표출하지 않기 때문에 고객과 직원의 마음속을 제대로 읽어내는 능력이 리더에겐 절대적으로 필요합니다.

제때 제대로
의사결정할 수 있어야 한다

중요한 결정을 내릴 때에는

중요한 결정을 내릴 때에는 돈과 명예만 빼고 생각해야 올바른 답을 낼 수 있다. 내가 올바른 결정을 내리면 돈과 명예가 따라올 수 있지만, 돈과 명예를 보고 내린 결정은 결국에는 올바르지 못한 선택이었다는 것이 드러나게 마련이다.

– 안철수(국회의원)

촌철활인 | 한 치의 혀로 사람을 살린다

결정적 순간에 최후의 결단을 내리는 리더는 늘 외롭습니다. 리더가 돈과 명예를 빼고 사심 없이 결정을 내리면 동료들은 사심 없는 동참으로 보답합니다. 결국 작은 것을 탐내면 크게 잃게 됩니다. 즉 소탐대실小貪大失할 가능성이 커집니다. 반대로 큰 욕심을 가진 사람은 작은 것을 과감히 버릴 줄 아는, 즉 대탐소실大貪小失 할 줄 아는 사람입니다.

번민이 좋은 결과를 가져온다

내 경우엔 전략가로서 시장에 대한 어떤 결론을 내려놓고 잠을 쉬 못 이루었을 때가 오히려 결과가 맞아떨어졌고, 반대로 편안함을 느꼈을 때는 대부분 예측이 빗나갔다. 보이지 않는 것을 보고 투자했을 때 당시엔 자신의 판단에 불안해했지만 궁극적으로 결과가 좋았고, 보이는 것만 보고 투자했을 때에는 마음은 편했지만 결과적으로 독이었던 때가 많았다.

– 김한진, '3040 주식투자 실물경제학'에서

촌철활인 | 한 치의 혀로 사람을 살린다

리더가 갖는 불안함의 크기와 조직의 성장과는 일정한 상관관계가 있을 것입니다. 조직을 책임지는 리더는 불안함을 떠나서는 살 수 없습니다. 어차피 피할 수 없는 것은 즐기는 게 좋습니다. 리더는 불안함을 가까운 친구처럼 여길 줄 알아야 합니다.

다섯 번은 왜라고 물어라

다섯 번은 왜라고 물어라. 대다수 사람들이 다섯 번의 왜라는 순차적 탐색 방법을 이용할 때 답을 쉽게 찾아낼 수 있다. 도요타 직원들은 아래와 같이 다섯 번을 묻는다. 첫째, 왜 그런가? 둘째, 이 정도로 괜찮은가? 셋째 무언가 빠뜨린 것은 없는가? 넷째, 당연하게 생각하는 것들이 정말 당연한 것인가? 다섯째, 좀 더 좋은 다른 방법은 없는가?

– 타이이치 오노(도요타 기술자)

촌철활인 | 한 치의 혀로 사람을 살린다

다섯 번을 왜라고 물으면 웬만한 일은 그 본질을 다 파악할 수 있습니다. 삼성 이건희 회장도 역시 5번에 걸쳐 "왜?"라고 묻는 것을 사물의 본질을 깨닫는 주요 수단으로 활용한다고 합니다. 모두가 근본원인을 찾았다고 할 때까지, 머리가 아플 정도로 집요하게 묻는 정신이 아무나 쉽게 따라올 수 없는 초일류를 만듭니다.

질문이 정답보다 중요하다

만약 곧 죽을 상황에 처했고, 목숨을 구할 방법을 단 1시간 안에 찾아야
만 한다면, 1시간 중 55분은 올바른 질문을 찾는 데 사용하겠다. 올바른 질
문을 찾고 나면 정답을 찾는 데는 5분도 걸리지 않을 것이다.

– 알버트 아인슈타인

촌철활인 | 한 치의 혀로 사람을 살린다

우리는 질문하지 않는 세상에서 질문하지 않는 사람들과 살아
가는 데 익숙해져 있습니다. 질문이 비전을 만들어냅니다. 질문
이 방향을 결정합니다. 질문이 탐구와 창조를 가져옵니다. 가장
중요한 것은 질문을 멈추지 않는 것입니다.

멀리 보는 사람만이 할 수 있는 것

"다른 사람들이 물러날 때 나는 나아가고(人退我進), 다른 사람이 얻으려 할 때 나는 포기한다(人取我棄)." 1960년대 말 부동산 사업을 시작할 때 내건 부동산 거래 철학이다. 실제로 경기불황으로 부동산 가격이 폭락할 때 나는 매입에 나섰으며 경기가 좋아지자 이를 팔아 M&A에 나섰다.

– 리카싱(청쿵그룹 회장)

촌철활인 | 한 치의 혀로 사람을 살린다

리카싱 회장의 비즈니스 모토는 안정을 유지하면서 전진하고, 전진하면서 안정을 유지하는 것이라 합니다. 그는 업무 시간 중 90% 이상을 5년, 10년 후를 생각하고 준비하는 데 쓴다고 말합니다. 멀리 내다볼 줄 아는 사람만이 현재를 제대로 읽고, 남과 다르게 행동할 수 있습니다.

리더는 버릴 줄 알아야 한다

리더는 버릴 줄 알아야 한다. 리더는 자신에게 '가망 없는 일을 언제 그만둘까'라고 질문해야 한다. 리더에게 가장 위험한 덫은 손에 잡힐 듯 말 듯 한 성공이다. 주변에선 입을 모아 조금만 더 밀어붙이면 된다고 부추긴다. 그래서 한 번 시도하고 또 시도하고 다시 시도한다. 그러나 그때쯤 성취하기가 매우 어렵다는 것이 분명해진다.

– 피터 드러커

촌철활인 | 한 치의 혀로 사람을 살린다

미래에 대한 의사결정을 할 때는 과거에 발생한 원가는 고려해서는 안 된다는 것이 경영학에서 흔히 얘기하는 매몰원가Sunk Cost의 개념입니다. 개념은 쉽지만 실제 현장에서 경영자들을 가장 많이 괴롭히는 문제이기도 합니다. 그동안 투자한 것이 아까워서, 혹은 실패를 인정하기 싫어하는 정서 때문에 과거와의 단절을 해내지 못하는 경우가 많습니다.

일이 잘 안 풀릴 때

일이 잘 안 풀릴 땐, 문제가 있으면 나는 그것을 생각한 다음 무의식 속으로 내려 보낸다. 살다 보면 그것이 내 안 어딘가에 녹아 있다가 필요할 때 위로 떠올라 와 문제를 해결해준다.

— 러셀

촌철활인 | 한 치의 혀로 사람을 살린다

큰 문제에 봉착했을 때 지금 당장 명쾌한 정답을 찾는 대신 일정기간 의식적으로 혼란기를 갖다 보면 어느 순간 나도 모르게 탁월한 해답이 튀어나오는 경우가 종종 있습니다. 최고 결정권자는 의식적으로 혼란을 즐길 수 있어야 합니다. 이것은 중요한 의사결정을 뒤로 미루고 책임을 회피하는 것과는 전혀 다른 개념입니다.

가장 나쁜 것은
아무 결정도 하지 않는 것이다

어떤 결정을 내려야 할 때 가장 좋은 것은 올바른 결정이고, 다음으로 좋은 것은 잘못된 결정이며, 가장 나쁜 것은 아무 결정도 하지 않는 것이다.

– 로저 엔리코

촌철활인 | 한 치의 혀로 사람을 살린다

실수 없는 최고의 결정을 내리려다 결정적 순간을 놓치는 경우가 많습니다. 의사결정에 있어 가장 중요한 것은 타이밍입니다. 많은 경우 잘못된 판단을 하는 것보다 타이밍을 놓치는 것이 훨씬 나쁜 결과를 초래합니다. 요즘처럼 환경이 급격하게 변하는 때에는 70% 확신이 서면 결정하고 실행에 옮기는 것이 좋습니다.

나쁜 결정 두 가지

나쁜 결정은 딱 두 가지다. 하나는 결정의 시기를 놓치는 것이고, 다른 하나는 전에 내린 결정이 잘못됐음을 알면서도 바꾸지 않는 것이다.

– 제임스 피너텔리(유니소스 에너지사 전 회장)

촌철활인 | 한 치의 혀로 사람을 살린다

열심히 일한다는 것은 늘 실수, 즉 의사결정을 잘못할 가능성을 안고 살아간다는 것과 같은 의미입니다. 문제는 잘못된 결정인 줄 알면서도 고치지 못하는 것입니다. 체면이 깎이더라도 잘못을 시인하고 즉각 시정할 수 있는 사람이 좋은 지도자가 될 수 있습니다.

불완전하더라도
신속하게 행동하는 게 낫다

당신이 매우 분석적이고 차분한 성격이라 하더라도 당신의 결정은 최종 확신 이전에 끝나야 한다. 어떠한 상황에서도 충분한 시간, 자료, 정보가 주어지지 않는다. 기껏해야 80~85%의 정보가 주어지는데 당신은 이를 바탕으로 최종 결정을 내려야 한다.

– 돈 리치(Don ritchey, 럭키 스토아사 사장)

촌철활인 | 한 치의 혀로 사람을 살린다

인간은 행동하기 위해 태어났습니다.(조지 마셜 장군) 불완전하더라도 신속하게 행동하는 것이 완벽하지만 늦게 행동하는 것보다 낫습니다. 그러나 가끔은 최종시한을 정해놓고 '바로 그것'이라는 강력한 직관이 떠오를 때까지는 의사결정을 지연시켜보는 것도 좋은 방법이 되기도 합니다. 물론 미리 정한 시간 내에는 반드시 최종 결론을 내리고, 결정에 따른 행동은 신속하게 해야 합니다.

제때 결정하지 못해 실패한다

유능한 경영인은 결정이 아무리 힘들고 어렵더라도 결코 미루지 않는다. 실패한 결정 10개 중 8개는 판단을 잘못해서가 아니라 '제때' 결정을 못 내렸기 때문에 실패한 것이다.

– 짐 콜린스

촌철활인 | 한 치의 혀로 사람을 살린다

대부분의 사람들은 상황이 확실해질 때까지 결정을 뒤로 미루는 경향이 있습니다. 경영은 정답을 맞추는 게임이 아닌, 불확실성 속에서 성과를 만들어내는 게임입니다. 합리적이고 정확한 의사결정 보다도 실패를 무릅쓴 과감한 의사결정을 적시에 내리는 것이 더 중요한 이유가 여기에 있습니다.

성공하는 사람, 실패하는 사람

우유부단이야말로 성공을 가로막는 최대의 적이다. 성공하는 사람들은 신속한 결단력의 소유자이며, 부를 축적하는 데 실패한 사람들은 예외 없이 결단이 매우 느리다.

– 나폴레온 힐

촌철활인 | 한 치의 혀로 사람을 살린다

충분한 정보는 결단을 내리는 데 필요한 요소입니다. 그러나 모든 것을 알기 전에는 어떤 행동도 취하지 않겠다는 태도로는 리더가 될 수 없습니다. "경솔한 결단보다도, 결단을 내리지 못하는 것이 더 문제"라는 말을 새겨볼 필요가 있습니다. 직관과 신념에 비추어 과감하게 내리는 리더의 결단이 곧 조직의 성패를 좌우합니다.

분석에 심취한 경영자

오늘날 전문 경영자는 자신의 역할이 어떤 아이디어에 대해 '예' 또는 '아니요'라고 말하는 데 있다고 생각한다. 자신의 역할이 의자에 앉아 결정을 내리는 데만 있다고 믿는 최고경영자는 새로운 아이디어에 대해 반드시 거부권을 행사한다. 왜냐하면 새로운 아이디어는 '비실용적인' 경우가 많기 때문이다.

– 피터 드러커

촌철활인 | 한 치의 혀로 사람을 살린다

한때는 의사결정의 핵심이 합리적이고 과학적인 의사결정에 있다고 믿었습니다. 그러나 이제는 비합리적, 비과학적 의사결정, 즉 직관에 의한 의사결정이 더 중요하다는 것을 알고 있습니다. 수많은 반대에 부딪칠 수밖에 없는 비과학적, 비합리적 의사결정을 즐겨 내리고 끝까지 이를 밀고 나가야 하는 최고경영자의 길은 쉽지만은 않아 보입니다.

7할의 승률에 건다

승패의 확률이 5할일 때에 싸움을 거는 자는 어리석다. 승률이 1, 2할일 때라면 당연히 싸움을 걸지 않을 테니까 문제되지 않는다. 하지만 그와 반대로 9할의 승률이 7할의 승률보다 낫다고 생각하지도 않는다. 이것이 포인트다. 그 이유는 승률이 9할 될 때는 모든 것이 뒤쳐지기 때문이다.

– 손정의(소프트뱅크 회장)

촌철활인 | 한 치의 혀로 사람을 살린다

승률과 기회이익은 반비례합니다. 승률을 높이기 위해 기다리게 되면 그만큼 얻을 수 있는 잠재적 기회이익이 줄어들게 됩니다. 100% 모든 것이 확실해질 때쯤이면, 오히려 모든 것을 잃을 가능성이 커집니다. 정보의 양과 질을 고려하여 적절한 때에 포기할 것은 과감히 포기하고, 그 다음엔 한눈팔지 않고 전력질주하는 것이 성공의 지름길입니다.

의사결정의 공식, P = 40 – 70

나는 '공식 P = 40 – 70'을 자주 사용한다. P는 성공할 가능성을 나타내며 숫자는 요구된 정보의 퍼센트를 나타낸다. 정보의 범위가 40 – 70% 사이에 들면 직감적으로 추진하라. 맞을 기회가 40% 미만일 정도로 정보가 적으면 행동을 취하지 말라. 하지만 100% 확실한 정보를 갖게 될 때까지 기다릴 수만은 없다. 왜냐면 그때가 되면 너무 늦기 때문이다.

– 콜린 파월(미국무장관)

촌철활인 | 한 치의 혀로 사람을 살린다

지나친 정보 수집, 즉 '분석 증후군'에 시달리는 사람들이 많습니다. 그러나 위험 부담을 줄인다는 이유 때문에 시간을 지체하는 것은 오히려 위험을 증대시킵니다. 처음에 80% 옳은 것을 하는 것이 마지막 기회에 100% 정확한 것을 하는 것보다 낫다는 얘기도 있습니다.

새로운 일은 대개가 애매하고 어렵다

새로운 일은 대개 애매하고, 길 또한 꼬불꼬불해 목적지조차 알 수 없는 경우가 허다하다. 그렇다고 정보가 확실해질 때까지 기다리는 겁쟁이가 되었다가는 새로운 것을 할 수도 없을뿐더러 다른 사람들에게 뒤쳐질 수밖에 없다. 일에 대한 확신이 서지 않을 경우, 나는 그 일의 성공확률이 6할에서 7할 정도이면 주저하지 않고 앞으로 나간다.

– 다카하라 게이치로, '현장이 답이다'에서

촌철활인 | 한 치의 혀로 사람을 살린다

100% 확신이 서지 않더라도 출발신호를 내려야 하는 상황은 언제나 있는 법입니다. 원래부터 일이라는 것은 '불확실한 정보에 의한 의사결정'의 연속입니다. 처음부터 정확한 지도를 들고 잘 닦인 길을 걸어가면 고생을 하지 않을 수 있으나, 그만큼 얻는 것도 적어집니다. 선택의 상황에서 승률이 60% 이상이면 더 이상 재는 것보다는 과감한 베팅이 필요합니다.

복잡한 일일수록 단순하게 풀어라

모든 일이 너무 복잡하게 얽히고 도저히 어떻게 해야 할지 모를 때는 다음과 같은 세 단계로 일을 처리해 보세요. 첫째, 도랑에 빠진 젖소를 끌어낸다. 둘째, 젖소가 어쩌다가 도랑에 빠지게 되었는지 알아낸다. 셋째, 젖소가 그 도랑에 다시는 빠지는 일이 없도록 필요한 모든 조치를 취한다.

— 앤 멀케이(제록스 회장)

촌철활인 | 한 치의 혀로 사람을 살린다

복잡한 일일수록 단순하게 푸는 것이 핵심입니다. 이 이야기가 주는 교훈은 다음과 같습니다. 첫째는 생존입니다. 둘째는 무슨 일이 일어났는지 제대로 파악하라는 것입니다. 마지막으로 이 사태에서 교훈을 얻고, 그와 비슷한 일이 일어나지 않도록 그 징조를 파악할 수 있는 계획을 세우라는 것입니다.

의사결정과 소통을 잘하기 위한 세 가지 원칙

작은 일에 대해 의사결정을 할 때는 '예/아니오'를 그 자리에서 명쾌하게 말해주십시오! 하지만 큰일에 대해서는 결정을 미루십시오. 작은 일을 결정하면서 시간을 끌면 무능하다고 생각하고, 큰일에 대해서 너무 빨리 결정을 내리면 신중하지 못하다고 생각할 것입니다.

– 밴 플리트(장군)

촌철활인 | 한 치의 혀로 사람을 살린다

32세에 육군 참모총장이 된 백선엽 장군이 충고를 부탁하자 밴 플리트 장군이 한 말이라고 합니다. 이외에 '말을 많이 하지 마십시오' '부하들에게 절대 화를 내지 마십시오'와 같은 자신이 늘 명심하고 있는 세 가지 신조를 들려주었다고 합니다. (백기복 저, '말하지 말고 대화를 하라'에서)

마지막 순간이 올 때까지
결정을 내리지 말라

의사결정의 가장 중요한 요소 중 하나는 내용이 아니라 시점을 판단하는 것이다. 나는 아무리 오래 걸리더라도 마지막 순간이 올 때까지는 마음을 정하지 않는다. 중요한 결정을 내리기 전에는 반드시 모든 대안의 결과를 상상해 본다. 필요하다면 도중에 몇 번이라도 마음을 바꾼다.

– 루디 줄리아니(전 뉴욕시장)

촌철활인 | 한 치의 혀로 사람을 살린다

머뭇거리는 것은 의지가 약하다는 증거이므로 빨리 결정해야 한다고 생각하는 리더가 많습니다. 물론 신속한 의사결정은 대단히 중요합니다. 그러나 단순히 미결정 상황의 답답함이 싫어 성급히 결정을 내리는 것은 화禍를 불러올 수 있습니다. 행동하기 전에 결과를 깊이 고민하는 것은 약한 모습이 아니라 오히려 강하다는 증거라 할 수 있습니다.

의사결정 시 반드시 고려할 사항

의사결정 과정에서 인간관계를 무시하게 되면 의사결정에 참여한 사람들은 감정적으로 불만을 갖게 된다. 서로에게 나쁜 감정을 품게 되면 의사결정에 협력하지 않을 뿐만 아니라 의사결정 사항을 실행할 때, 위험 감수(Risk taking)에 대한 두려움도 증가한다.

— 크리스 아지리스(Chris Argyris)

촌철활인 | 한 치의 혀로 사람을 살린다

의사결정 시 인간적 배려와 존중, 동참 유도는 반드시 필요하지만 지나친 인간적 배려 위주의 의사결정은 합리적 의사결정이 힘들고, 정치적 행위가 난무할 위험이 증가하는 등 또 다른 문제점을 야기할 수 있습니다. 인간적 고려는 의사결정의 수단이지 목적이 되어서는 안 됩니다.

위대한 결정의 비밀

위대한 결정은 위대한 사람과 "나는 잘 모른다."라는 단순한 말로 시작된다. 시간이 지날수록 놀랄 만한 결과와 위대한 결정들을 만들어내는 리더들은 그들이 알 때까지 매우 편안하게 "나는 모른다."라고 말한다. 그리고 그들은 매우 정직했다.

– 짐 콜린스, 'Good to Great'에서

촌철활인 | 한 치의 혀로 사람을 살린다

적합한 사람들을 뽑아서 그들 스스로 의사결정을 할 수 있도록 돕는 것이 바로 위대한 의사결정의 비밀입니다. '나는 모른다.'는 자세로 계속해서 질문을 던져보면, 그들 스스로 문제를 정확히 파악하게 되고, 적합한 의사결정을 내리게 됩니다. 스스로 내린 결정에 대해선 오너십을 가지고 능동적으로 임하게 되는 부수효과도 얻을 수 있습니다.

회의론자들을 무시하라

현 상황의 옹호자들은 확신을 갖고 당신의 아이디어가 실현 불가능하거나 불필요할 것이라고 말할 것이다. 결국 현 상황을 구축한 것은 그들이며 이제부터는 당신에게 공격당할 것이기 때문이다. 그러므로 혁명을 일으키고 싶다면 우선 회의론자들을 무시해야 한다.

– 가기 가와사키(마케팅 전문가)

촌철활인 | 한 치의 혀로 사람을 살린다

일반적으로 좋은 의사결정은 1)다수의 참여에 의한 것 2)합리적 의사결정기법을 따른 것을 요구합니다. 그러나 역사를 바꾼 위대한 의사결정은 위 두 가지와는 거리가 먼, '리더의 직관에 의한 독단적 의사결정'인 경우가 많습니다. 여기에 의사결정의 어려움이 있습니다. 결국 의사결정의 위험과 그에 따른 책임은 리더가 지게 됩니다.

겁쟁이 CEO는
다수결 원칙을 숭배한다

CEO는 최고경영자이면서 최후의 결정권자이다. 경우에 따라서는 결재를 명확히 독재적으로 해야 돈 버는 경영을 할 수 있을 것이다. 다수결의 원칙은 최상의 합의제도가 되기도 하지만, 최악의 합의제도이기도 하다. (특히 광고의 입장에서) 여러 사람의 의견을 골고루 듣거나 다수에 의한 방법을 취한다면 최악의 잡동사니 전략으로 전락하기 때문이다.

― 이영희(금강기획 전 사장)

촌철활인 | 한 치의 혀로 사람을 살린다

의사결정의 딜레마입니다. 일반적으로는 합리적이고 과학적인 방법, 다수의 참여, 다수 의견을 조율하는 방식이 올바른 의사결정방법으로 인정받습니다. 그러나 역사상 위대한 의사결정은 수많은 반대를 무릅쓰고 최고의사결정권자가 직관에 의해 독자적으로 내린 결정들이 많습니다. 최고경영자는 가끔은 '좋은 것이 좋은 것이 아니다.'라는 사실을 직시하고 결정의 최종 결과가 나올 때까지 많은 사람들의 손가락질을 이겨낼 수 있는 배짱이 있어야합니다.

잘못된 길을 가고 있다는 신호

많은 이들이 당신이 하는 일에 대해 갈채를 보내고 비난하는 사람은 별로 없다면, 당신이 잘못된 길을 가고 있다고 확신해도 좋다. 바보들이 동의하고 있는 일을 하는 것이기 때문이다. 많은 사람들이 당신을 조롱하고 무시한다면 적어도 이것 한 가지는 확신해도 좋다. 적어도 당신이 현명한 행동을 하고 있을 가능성이 있다는 것이다.

― E. W. 스크립스

대중의 갈채를 갈망하는 것은 인간의 본능 중 하나라 할 수 있습니다. 그러나 현명한 사람은 본능보다는 이성에 따라 자신의 행동을 규제할 수 있는 사람입니다. 보통 사람은 반대 속에서 혼돈과 불안이 아닌 편안함을 느낄 수 있는 경지에 이르도록 노력해야 합니다.

특정 주제에 모든 사람이 동의한다면

어떤 일에 대해 모든 팀원이 동의한다면 최종 결론을 미루고, 그 문제에 대해 더 깊이 이해하고, 이에 동의하지 않는 사람이 나타날 때까지 시간을 가져야 한다.

– 알프레드 슬로안 2세(전 GM 회장), 간부회의 석상에서

촌철활인 | 한 치의 혀로 사람을 살린다

회의의 목적이 합의 도출이라고 생각해서 어떻게 하면 쉽게 합의를 도출할 수 있을까 늘 고민하는데, 모두가 동의하는 안건은 문제가 있으니, 반대자가 나올 때까지 기다려야 한다니! 대가의 힘이 느껴지지 않습니까?

만장일치라면 결정하지 않는다

올바른 결정은 반대되는 의견이나 다른 관점의 충돌에서 생성된다. 따라서 필요한 것은 의견의 일치가 아니라 불일치이고, 모두의 의견이 일치한 경우라면 결정해서는 안 된다. 성과를 올리는 사람은 의도적으로 의견의 불일치를 만들어 내기도 한다.

– 피터 드러커

촌철활인 | 한 치의 혀로 사람을 살린다

유대인들 역시 "만장일치, 전원찬성이 된 안건은 실행해서는 안 된다."라고 가르칩니다. 의견 불일치가 있으면 충분히 시간을 갖고 다각적으로 검토하게 되어 참가자들의 이해도 깊어지고, 그만큼 잘못된 결정을 내리게 될 위험이 줄어듭니다.

초기에 불찬성이 많을수록 결과가 좋다

판매예측이나 재정적인 데이터에서는 그룹이 개인보다 더 능률적이다. 그리고 초기에 구성원들의 불찬성이 많을수록 그 결과가 더 정확하다. 의견 불일치가 많을수록 가능성의 범위를 더 넓게 잡아야 하기 때문이다.

— 레베커 헨리(Rebecca Henry, 퍼듀대 심리학 교수)

촌철활인 | 한 치의 혀로 사람을 살린다

리더 입장에서 뭔가를 시도할 때 반대자가 많으면 짜증을 내기 쉽습니다. 그러나 반대가 많으면, 여러 가지 상황에 대응할 수 있는 만반의 준비를 하게 되어 결국 그렇지 않을 때에 비해 성공적 결과를 얻을 확률이 높아집니다. 따라서 초기의 반대는 성공을 위한 좋은 약으로 적극 환영하는 자세가 필요합니다.

반대를 두려워하지 않는다

무슨 일이든 처음부터 100% 찬성으로 추진되는 일은 없다. 만약에 있다면 그것이 오히려 위험한 일이다. 어떤 일을 추진할 때 90%가 반대하고 10%가 찬성할 경우 찬성하는 이가 10%밖에 없다고 생각하지 말고 90% 보완자가 있다고 생각하자.

– 이명박(전 대통령), '청계천은 미래로 흐른다'에서

촌철활인 | 한 치의 혀로 사람을 살린다

자기 생각과 다른different 의견은 틀린wrong 의견이라고 간주해 버리는 사람들이 많습니다. 반대의견에 관대해지기 시작하면 성공 가능성이 높아집니다. 구성원의 의견개진이 활성화되고 자연스럽게 좋은 의견이 모아짐은 물론, 실행 참여도까지 덩달아 높아지기 때문입니다.

반대 의견도 환영하라

모두의 의견이 똑같다는 것은 뭔가 일이 잘못되어 간다는 뜻이다. 또한 모두가 지지하는 주장은 반드시 어딘가 문제가 있기 마련이다.

— 쓰쓰미 요시아키(일본 세이부그룹 전회장)

촌철활인 | 한 치의 혀로 사람을 살린다

그의 부친이자 13선 의원이었던 쓰쓰미 야스지로 역시 비슷한 말을 남겼습니다. "모든 리더가 찬성하는 아이디어는 이미 시대에 뒤쳐진 것이다. 그러나 모든 리더가 반대한다면 이는 그 아이디어의 결과를 아직 아무도 모른다는 사실을 확인한 것에 불과하다." 반대의견에 화를 내기보다는 반대의견을 장려하는 사람이 진정한 리더입니다.('노자처럼 이끌고 공자처럼 행하라'에서)

욕먹을 줄 아는 리더

어려운 결정을 무작정 미루는 것, 단 한 사람의 마음도 불편하지 않게 하려고 노력하는 것, 기여도와 상관없이 모두를 똑같이 친절하게 대하는 것, 리더의 이런 행동 때문에 정말로 미치는 쪽은 그 조직에서 가장 창의적이고 생산적인 사람들뿐이다.

– 콜린 파월(전 미국무부 장관)

촌철활인 | 한 치의 혀로 사람을 살린다

리더는 욕먹을 줄 알아야 합니다. 모두를 만족시켜, 모두에게 좋은 소리를 들으려고 노력하는 겁쟁이 리더는 결국 조직이 패배를 맛보게 합니다. 패배한 조직에서는 구성원 모두가 일자리를 잃고 한순간에 거리로 내몰릴 수도 있습니다. 리더는 현명하게 욕먹을 줄 알아야 합니다.

리더는 비판 받게 마련이다

건설적인 비판을 받지 않으면 칭찬받기도 어려운 법이다. 리더가 되고 싶다면 먼저 비판에 익숙해져야 한다. 성공한 사람에게는 거의 필연적으로 비판이 뒤따르게 마련이다. 불만스런 부분을 찾아내는 사람이 어디에나 있기 때문이다.

– 존 맥스웰, '리더십 골드'에서

촌철활인 | 한 치의 혀로 사람을 살린다

아리스토텔레스는 "비판은 얼마든지 쉽게 피할 수 있다. 아무 말도 하지 않고, 아무 행동도 취하지 않으며, 하찮은 사람으로 살아가면 된다."라고 말했습니다. 비판을 받으면 기운이 빠지게 되는 것은 인지상정이라 할 수 있습니다. 그러나 비판이 두려우면 리더의 자리에 오를 생각을 하지 말아야 합니다.

비판은 쉼 없이 들을수록 좋다

비판은 깊은 의심에서 나온 심술이나 고약한 의견이 아니다. 비판은 바람이다. 이마를 시원하게 식혀주고 눅눅한 곳을 뽀송뽀송하게 만들어주며, 나쁜 균이 번식하지 못하도록 막아준다. 그러기에 비판은 쉼 없이 들을수록 좋다.

– 프리드리히 니체

촌철활인 | 한 치의 혀로 사람을 살린다

피터 드러커 교수는 의사결정의 첫 번째 규칙으로 "반대의견 없이 결정을 내려서는 안 된다. 경영자는 칭찬받으면 좋은 결정을 내리지 못한다."라고 주장합니다. 비판을 피해야할 것으로 생각하느냐, 혹은 적극 환영하고 권장할 것이냐에 따라 의사결정의 질이 달라집니다. 조직원의 참여의식과 조직에 대한 충성도 또한 달라집니다.

어떤 사람들이 승진하는가

나는 내가 좋아하지 않는 사람을 승진시키는 것을 결코 주저하지 않았다. 오히려 사실이 무엇인지 명확하게 얘기하고 반항적이고 고집이 센 사람들을 항상 고대했다. 만약 우리에게 이런 사람들이 충분히 많이 있고 우리에게 이들을 참아낼 인내가 있다면 그 기업에 한계란 없다.

— 토마스 왓슨(IBM 창업회장)

대부분의 직장인들은 상사와 다른 의견을 내는 것을 두려워합니다. 상사가 싫어할 것이라고 지레 짐작하기 때문입니다. 그 결과는 상사의 뇌리에서 잊혀지는 것으로 귀결될 수 있습니다. 많은 경영자들은 과감하게 반대의견을 내는 사람들을 중용합니다. 그들의 소신과 용기, 그리고 아이디어를 높이 사기 때문입니다. 어떤 길을 갈 것인지는 나 스스로 선택해야 합니다.

훌륭한 리더와
무능한 중간관리자의 차이

훌륭한 리더는 어떤 일을 시도해보라는 공식적인 허락을 기다리지 않는다. 무능한 중간관리자는 '공식적인 허락을 받지 못했으니 난 그 일을 할 수 없어.'라고 생각하지만 훌륭한 관리자는 '공식적으로 하지 말라는 지시가 없었으니까 할 수 있어.'라고 생각한다. 이것이 관점의 차이다.

– 콜린 파월(미국 전 국무 장관)

촌철활인 | 한 치의 혀로 사람을 살린다

성과는 문제를 해결함으로써가 아니라 새로운 기회를 개발함으로써 얻어집니다. 주어진 일에 반응하는Reactive 사람과 주도적으로 새로운 일을 개척해나가는 적극적이고 능동적인Active 사람, 둘 중 하나를 선택하는 순간 나의 미래 운명이 결정됩니다.

실행이 모든 것이다

나는 사색하거나 모래성을 쌓는 것보다는 일이 완료되는 것을 보는 것에서 더 큰 만족을 얻는다. 많은 사람들이 실행은 비즈니스 리더의 위엄을 손상하는 세부적인 일이라고 간주한다. 그건 잘못된 것이다. 실행은 리더의 가장 중요한 업무이다.

– 보시디(하니웰 전 CEO)

촌철활인 | 한 치의 혀로 사람을 살린다

"초우량 기업은 평범한 기업이 하지 않는 일을 하는 것이 아니다. 평범한 기업도 하고 있는 일을 탁월하게 하고 있을 뿐이다!" 이동현 카톨릭대 교수가 톰 피터스의 초우량 기업의 조건을 읽고, 초우량 기업과 평범한 기업을 구분한 말이 의미심장하게 다가옵니다.

실패하는 리더의 공통점
– 실행력의 부족

실패하는 리더의 70%는 단 하나의 치명적인 약점을 가지고 있다. 그것은 바로 실행력의 부족이다. 오늘날 미국 경영자의 95%가 옳은 말을 하고 5% 만이 옳은 일을 실행에 옮긴다.

– 포춘

촌철활인 | 한 치의 혀로 사람을 살린다

실행력이 뒤따르지 않는 리더의 말에는 형식적, 선언성, 이벤트성 멘트가 많습니다. 조직 구성원들은 경험에 의해 리더언행의 진실성 여부를 귀신같이 알아채고, 그것에 맞춰 행동합니다. 언행일치가 안 되면, 신뢰가 깨지고 그렇게 되면 리더로서의 역할을 전혀 할 수 없음을 명심해야 합니다.

위대함과 평범함을 가르는 아주 사소한 차이

끊임없이 빛을 발하는 사람과 그렇지 못하는 사람을 가르는 차이는 단한 가지, 바로 실패에 대한 인식과 반응이다. 진정으로 이루기를 간절히 원한다면 나가서 부딪혀라. 그리고 실패하라. 일찍, 자주 실패하라. 그리고 그실패를 성공의 디딤돌로 삼아라.

— 존 맥스웰, '매일 읽는 맥스웰 리더십'에서

촌철활인 | 한 치의 혀로 사람을 살린다

리더십 전문가 워렌 베니스 교수가 다양한 분야에서 최고의 성과를 낸 70명을 인터뷰한 결과 매우 놀랍게도, 그들 중 누구도 자신의 실수를 실패로 받아들이지 않았다고 합니다. 그들은 실수를 '경험에서 배웠다' '지불해야 할 수강료' '우회로' '성장할 기회'라는 식으로 표현했습니다.

아버지는 물었다. "오늘은 무슨 실패를 했니?"

어릴 적 아버지는 나에게 항상 "오늘은 무슨 실패를 했니?"라고 물었다. 그날 실패한 것이 없다고 하면 아버지는 실망스러워했다. 반대로 "오늘 이걸 못하고 말았어요."라고 쭈뼛거리면 아버지는 "아무것도 안하는 것보다 훨씬 잘했다."라며 칭찬해 주셨다.

– 사라 블레이클리(스팽스 회장)

촌철활인 | 한 치의 혀로 사람을 살린다

일방적 지시보다는 질문을 통한 자녀교육, 특히 "오늘 무슨 실패를 했니?"라고 질문하면서 적극적으로 실패를 독려한 아버지의 참 교육! 참 부럽습니다. 우리도 그런 아버지, 그런 어머니들이 많이 나올 수 있으리라 기대해봅니다.

실패를 즐기는 사람이
세상을 지배한다

20년 전에는 임원 승진 후보자를 평가할 때 "이 사람은 32살 때 큰 실패를 했군, 그래서 별로 좋지 않은데…."라고 이야기했다. 오늘날은 이렇게 평가한다. "이 사람에 대해 걱정스러운 것은 실패를 해보지 않았다는 거야."

— 존 코터(하버드대 교수)

촌철활인 | 한 치의 혀로 사람을 살린다

위대한 사람들은 성공이 아닌, 실패를 통해서 많은 지혜를 얻습니다. 마이클 아이즈너 월트디즈니 전 회장은 "성공은 인생에서 그렇게 많은 이익을 가져다주는 경험은 아니다. 오히려 실패가 더 정신을 번쩍 들게 만들고, 큰 깨우침을 준다."라고 말합니다.

소통하라,
하나의 팀을 만들라

소통하고 또 소통하라

소통은 기업 경영에 있어서 매우 중요하다. 기업 내 소통의 중요성을 직관적으로 반영할 수 있는 두 개의 숫자가 있는데 바로 두 개의 70%다. 첫 번째 70%란 기업 경영자들은 실제 70%의 시간을 소통을 위해 사용한다는 것이다. 두 번째 70%란 기업의 문제 중 70%는 소통의 장애로 야기된다는 것이다.

– 뤄궈룽, '경영의 지혜'에서

촌철활인 | 한 치의 혀로 사람을 살린다

최근 한 경제연구소 조사결과 CEO들은 불황을 이기는 첫 번째 방안으로 소통확대를 꼽고 있습니다. 경영의 대부분은 소통과 관련이 있으며, 경영의 성패도 소통에 달려 있습니다. 회의, 협상, 대화, 업무 보고, 보고서 작성, 외부 미팅은 모두 소통의 표현 형식입니다. 어려운 상황에 처할수록 절대적인 소통의 시간을 늘려가야 합니다. 그중에서도 직원들과 직접 머리를 맞대는 대면소통의 기회를 늘려 그들의 잠재된 역량을 최대한 발휘하도록 돕는 것이 필요합니다.

커뮤니케이션이 가장 중요하다

나는 특히 커뮤니케이션에 대해 많이 강조한다. 한 사람이 가진 역량의 크기는 전문지식 × 커뮤니케이션 능력이라는 수학식으로 도출 가능하다. 전문지식을 많이 쌓았다 하더라도 커뮤니케이션 능력이 0점이라면 그의 역량은 '0'이다.

– 안철수(국회의원)

촌철활인 | 한 치의 혀로 사람을 살린다

사업과 인생에서 생기는 문제의 86%는 주변 사람들과 효과적으로 소통하지 못하기 때문이라고 합니다. The communication is the relationship 라는 말도 의미심장하게 다가옵니다. CEO를 위한 커뮤니케이션 원칙을 함께 보내드립니다. 첫째는 상식 범주에 대한 차이 인정, 용어의 정의에서 오는 차이를 인정하라. 둘째는 불만이 있거나 첨예하게 대립할 때 내 주장만 강조하기보다는 대안을 찾아보려는 노력을 하라. 셋째는 정직한 커뮤니케이션, 즉 민감한 부분에 대해 서로 용기를 가지고 접근하라.

인간의 몸에서 가장 강한 근육은

인간의 근육 중 가장 강한 것은 바로 혀이다. 혀는 한 사람을 단번에 무너뜨릴 수 있다. 그 몸집이나 힘이 어느 정도가 되든 상관없다. 또한 그것은 별로 힘을 들이지 않고도 누군가를 거뜬히 들어 올릴 수도 있고, 몇 천, 몇 만 명의 사람들을 통째로 무너뜨릴 수도 있다.

– 팻 크로스, '선택의 힘'에서

리 아이아코카 크라이슬러 전 회장은 "당신에게 빛나는 아이디어가 있을 수도 있다. 그러나 그것을 널리 알릴 수 없다면, 그것들은 당신을 어디로도 데려가 주지 못한다."라고 말했습니다. 그렇습니다. 인간의 육체 중에서 가장 강한 근육은 바로 혀입니다. 사람이 지닌 최고의 도구는 바로 자신의 언어이기 때문입니다.

어려울수록 커뮤니케이션에 더 많이 투자하라

뛰어난 의사전달방법의 개발은 유능한 리더십에 있어서 절체절명의 것이다. 리더는 자신의 생각과 아이디어가 다른 사람에게 긴박감과 함께 열정을 줄 수 있도록 해야 한다. 만일 메시지를 분명히 전달하여 동기를 주지 못한다면 메시지를 갖고 있다는 것은 아무런 소용없는 것이다.

– 길버트 아멜리오(National Semiconductor Corp 회장)

촌철활인 | 한 치의 혀로 사람을 살린다

리더는 모든 사람들에게 무엇이 정말 중요한지 이해할 수 있도록 간단명료하게 설명해주어야 합니다. 누구나 알아들을 수 있는 말로 반복해서 말해야 합니다. 알아볼 수 없는 지도는 아무 소용이 없습니다. 실패의 원인은 종종 리더가 듣는 사람들이 이해하는 언어로 분명하게 전달하지 않는 데 있습니다. 어려울 때일수록 소통에 더 많이 투자해야 합니다.

일대일로 직접 커뮤니케이션하라

나는 스칸디나비아 항공사(SAS)에 취임한 날부터 직원과의 의사소통을 최우선으로 하였다. 처음 한 해 동안 정확히 근무시간의 절반을 현장에서 벗어나 SAS 직원들과 대화하는 데 사용하였다. 직원 세 명이 어느 시간에 모이기만 해도 '회장이 곧 나타나 대화를 나눌 것'이라는 우스개도 나돌았다. 나의 열정과 개입이 순수하다는 것을 보여주고 내 책임이양을 받아들이게 하는 방법이었다.

— 얀 칼슨(스칸디나비아항공 전 회장)

촌철활인 | 한 치의 혀로 사람을 살린다

정말 중요하다고 생각하는 일은 모든 사람의 뇌리에 새겨질 수 있도록 100번이라도 반복해서 말할 수 있어야 합니다. 그런 점에서 잭 웰치 GE 전 회장의 다음 말은 귀감이 될 만합니다. "열 번 말하지 않은 것은 한 번도 말하지 않은 것과 같다. 1천 명의 직원을 통솔할 경우 1천 명 각 개인과 만나 대화하고 설득할 각오가 되어 있어야만 한다." 이 정도로 직원들과 직접 허심탄회하게 소통한다면 불가능은 없을 겁니다.

커뮤니케이션 333법칙

커뮤니케이션을 잘하기 위해서는 30초 안에 상대의 관심을 유발하고, 이에 따라 3분의 시간을 더 얻어서 보고하려는 내용을 확실하게 전달해 내든가, 아니면 보고받는 사람의 필요에 따라 이후 30분의 시간을 할애 받아 충분하게 설명하고 소기의 결정을 얻어내야 한다.

– 진대제(전 정통부 장관), '열정을 경영하라'에서

촌철활인 | 한 치의 혀로 사람을 살린다

엘리베이터 스피치라는 용어가 있습니다. 최고경영자나 고객과 엘리베이터를 같이 탄 짧은 순간에 핵심 내용을 보고할 수 있도록 준비해두어야 한다는 의미입니다. 늘 일에 바쁜 최고경영자의 관심을 이끌어 내기 위해선 30초 안에 승부를 본다는 심정으로 항상 핵심을 간결하게 정리하고 있어야 합니다.

복잡한 것을 단순화할 줄 아는 능력

단순한 것을 복잡하게 말하기 위해서는 교육을 받아야 하지만 복잡한 것을 단순하게 말하기 위해서는 현명해야 한다.

– 찰스 촙(Charles Tschopp, 스위스 작가)

촌철활인 | 한 치의 혀로 사람을 살린다

메이어의 법칙Meyer's Law을 들어보셨나요? "일을 복잡하게 만드는 것은 간단한 일이지만, 간단하게 만드는 것은 복잡한 일이다."라는 것이 바로 메이어의 법칙입니다. 아직도 복잡하게 꾸미는 것이 일을 제대로 하는 것이라고 생각하는 사람들이 있습니다. 그러나 지식과 정보가 난무하는 오늘날에는 복잡하다는 것, 그 자체만으로도 이미 경쟁력을 잃었다 할 수 있습니다.

단순함, 그것은
천재에게 주어진 재능이다

어떤 지적인 바보도 사물을 더 크고, 더 복잡하고, 더 격렬하게 만들 수 있다. 하지만 그 반대편으로 나아가려면 약간의 천재성과 많은 용기가 필요하다. 만약 당신이 어떤 것을 단순하게 설명할 수 없다면, 당신은 그것을 충분히 이해하지 못한 것이다.

– 아인슈타인

촌철활인 | 한 치의 혀로 사람을 살린다

장황한 설명은 핵심을 모른다는 것을 나타냅니다. 생텍쥐페리는 "더 더할 게 없을 때가 아니라, 더 뺄 게 없을 때 완벽한 디자인에 도달할 수 있다."라고 말했습니다. '단순화 할 수 있는 능력은 천재에게 주어진 능력'이라는 말이 의미심장하게 다가옵니다.

스피치는 짧을수록 좋다

미국 28대 대통령 윌슨은 대학총장 출신의 뛰어난 연설가였다. 윌슨 대통령은 "한 시간의 스피치에는 아무런 준비가 필요 없다. 20분 정도의 스피치에는 두 시간 정도의 준비가 필요하다. 그러나 5분간의 스피치에는 하룻밤의 준비가 필요하다."라고 말했다.

– 김양호, '성공하는 사람은 화술이 다르다'에서

촌철활인 | 한 치의 혀로 사람을 살린다

전문가들에 의하면 대부분의 사람들은 남의 말에 집중하지 않는다고 합니다. 어린이들은 불과 6초밖에 집중하지 못합니다. 어른들은 조금 더 오래 집중한다고 합니다. 그러나 성인들이 집중하는 시간은 어린이 보다 불과 2초가 더 긴 8초 동안에 불과합니다. 스피치가 왜 짧아야 하는지를 알 수 있습니다.

무엇을 쓰든 짧게 써라

무엇을 쓰든 짧게 써라. 그러면 읽힐 것이다. 명료하게 써라. 그러면 이해될 것이다. 그림같이 써라. 그러면 기억 속에 머물 것이다.

– 조지프 퓰리처

실무자로 일할 때에는 보고서는 자세할수록 좋다고 생각했습니다. 경영자 생활을 하다 보니 모든 보고서는 한 장으로 가능할 뿐만 아니라, 그렇게 되어야 한다고 믿게 되었습니다. 종이 한 장에 요약할 수 없는 것은 충분히 숙고된 것도 아니고 결정을 내릴 때가 된 것도 아닙니다.(드와이트 아이젠하워)

커뮤니케이션은
남의 말을 잘 경청할 수 있는 능력

리더십은 남에게 명령하는 것으로, 커뮤니케이션은 말 잘하는 것으로 생각하는 사람들이 많다. P&G에서는 그런 사람을 원치 않는다. 리더십은 다른 사람을 동기부여 시키고, 신나게 해주는 것이고, 커뮤니케이션은 남의 말을 잘 경청할 수 있는 능력이다. 우리는 그런 리더십과 커뮤니케이션 능력이 있다고 생각하는 사람을 뽑는다.

– P&G 인사담당 매니저

촌철활인 | 한 치의 혀로 사람을 살린다

커뮤니케이션의 가장 큰 목적 중 하나는 상대방이 내 뜻을 따르도록 영향력을 행사하는 것이라 할 수 있습니다. 그러나 아이러니하게도, 내가 강하게 주장을 펼치는 것이 아니라, 열심히 상대의 말을 들어줄 때, 오히려 그 목적이 쉽게 달성됩니다.

의사소통에서 당신이 범할 수 있는 최대 실수

설득력 있는 의사소통에서 당신이 범할 수 있는 최대 실수는 당신의 견해와 감정 표현에 최우선 순위를 두는 것이다. 사람들이 진정으로 원하는 것은 자기 말을 들어주고 자기를 존중해 주며, 이해해 주는 것이다. 당신이 자기 말을 이해하고 있다고 느끼는 순간, 사람들은 당신의 견해를 이해하려는 동기를 부여받는다.

— 데이비드 번즈(David Burns, 펜실베이니아 대학 심리학 교수)

촌철활인 | 한 치의 혀로 사람을 살린다

리더십에 관한 학습을 하면서 크게 배우고 깨달은 것 중 하나가, 바로 경청의 중요성입니다. 들어줌으로써 마음을 얻고, 들어줌으로써 주인으로 만들 수 있습니다.

크게 생각하는 사람은
듣기를 독점한다

남을 설득할 때 사람들이 저지르는 가장 큰 실수는 자신의 생각과 감정을 표현하려고만 애쓰는 것이다. 사람들이 정말 원하는 것은 상대방이 자신을 존중하고 이해하며 자신의 말을 들어주는 것이다. 당신이 상대방을 이해해주는 순간 그도 당신의 관점을 이해하려고 노력하게 된다.

— 데이비드 번즈(David Burns, 펜실베이니아 대학 심리학 교수)

촌철활인 | 한 치의 혀로 사람을 살린다

데이비드 슈워츠는 "크게 생각하는 사람은 듣기를 독점하고 작게 생각하는 사람은 말하기를 독점한다."라고 듣기의 중요성을 강조했습니다. 데일 카네기 또한 "2주 동안 남의 말에 귀를 기울이기만 하면 남의 관심을 끌기 위해 2년 동안 노력한 것보다 더 많은 친구를 얻을 수 있다."라고 경청의 힘을 강조 한 바 있습니다.

경영자에게 도전하는 직원의 말

나는 사람들이 나에 대해 문제를 제기하고, 내가 틀렸을 때 지적해 주는 것을 좋아한다. 내 문제를 지적해 준 사람들이 없었더라면 나는 무수한 실수를 저지르고 오판을 내렸을 것이다. CEO에게 도전하는 직원의 말은 잘 새겨들어야 한다. 왜냐하면 최고경영자에게 문제를 제기할 정도면 그냥 가볍게 하는 말이 결코 아닐 것이기 때문이다.

– 조앤 간츠 쿠니(세서미 스트리트 사장)

촌철활인 | 한 치의 혀로 사람을 살린다

턱을 내밀고 대드는 부하에게 상을 주는 사람이 진짜 훌륭한 지도자입니다.(스칸디나비아 얀 카렌디 부사장) 상사, 특히 사장에게 대드는 것은 그만한 확신, 자신감, 그리고 애정이 없으면 도저히 할 수 없는 일입니다. 그런 사람의 주장은 아무리 기분이 나쁘더라도, 내 의견과 확연히 다르더라도 반드시 들어볼 필요가 있습니다.

칭찬보다는 비판을 묘약으로 삼아라

내 사무실에는 나를 칭찬하는 사람은 못 들어오게 한다. 그런 사람이 있으면 나가라고 발로 찬다. 내 사무실에는 "이러면 안 됩니다. 저러면 안 됩니다." 이런 말을 하는 사람만 들어오게 한다. 이것이 나의 경영철학이다.

– 황창규(삼성전자 전 사장)

촌철활인 | 한 치의 혀로 사람을 살린다

훌륭한 지도자는 스스로 열정과 자신감을 갖고 있기에, 칭찬보다는 비판을 오히려 묘약으로 삼습니다. 윈스턴 처칠은 "비판은 대개 유용하지만 칭찬은 기만적이다."라고 비판의 중요성을 강조한 바 있습니다. 부하 직원들이 상사의 단점을 편안하게 지적해 줄 수 있도록 단점을 지적해주는 직원에게 매우 친절한 감사의 표시를 할 수 있어야 합니다. 반대와 비판은 더없이 좋은 선물이기 때문입니다.

반대자들에게 감사한다

나는 내가 싫어하는 사람을 승진시키는 걸 주저하지 않았다. 오히려 정말 뭐가 사실인지를 말하는 반항적이고 고집 센, 거의 참을 수 없는 타입의 사람들을 항상 고대했다. 만약 우리에게 그런 사람들이 충분히 많고 우리에게 이들을 참아낼 인내가 있다면 그 기업에 한계란 없다.

– 토마스 왓슨(IBM 창업자)

촌철활인 | 한 치의 혀로 사람을 살린다

앤드류 그로브 전 인텔 회장은 "나는 반대자들에게 감사한다."라고 늘 말했습니다. 조직은 리더가 가진 꿈과 그릇의 크기만큼 자랍니다. 큰 그릇은 많은 것을 담을 수 있습니다. 나와 다른 것, 나를 불편하게 하는 것들을 끌어안을 수 있을 때 큰 그릇이라 칭합니다.

최고의 자산은 돈이 아니라 팀워크다

우리는 타 구단에 비해 부자구단이다. 그러나 돈을 많이 갖는다는 것이 항상 성공을 보장하지 않는다. 돈이란 건 성공한 뒤에 따라오는 부수적인 산물이고, 앞으로의 투자를 위한 수단일 뿐이다. 우리 팀의 최고의 자산은 사람, 즉 최고의 '팀워크'이다.

– 피터 캐년(잉글랜드 프리미어리그, 첼시 사장)

촌철활인 | 한 치의 혀로 사람을 살린다

만약 축구팀 감독이라 가정한다면 가장 중요한 일은 탁월한 선수를 확보하는 것, 둘째 그들의 기량을 끝없이 높여주는 것, 셋째 팀워크 강화, 그 다음이 전략과 전술을 다듬어 가는 순서라고 생각합니다. 기업경영에도 똑같은 원리가 적용됩니다. 우수 인재 확보를 위한 삼고초려, 그것이 모든 것의 시작이자 가장 중요한 일입니다.

팀보다 뛰어난 선수는 없다

한 사람의 힘으로는 다수의 힘을 이길 수 없다. 한 사람의 지혜로는 만물의 이치를 알기 어렵다. 한 사람의 지혜와 힘보다는 온 백성의 지혜와 힘을 쓰는 것이 낫다.

– 한비자

촌철활인 | 한 치의 혀로 사람을 살린다

스티브 잡스처럼 한 사람이 10만 명을 먹여 살릴 수 있는 사례가 하나둘 나타나고 있습니다. 그러나 잡스 사후 애플이 내리막길을 걷는 데서 알 수 있듯이 소수에 의존하는 조직은 수많은 문제를 안고 있습니다. (적재적소에 인재를 배치하고, 팀원들이 하나가 되는) 팀보다 뛰어난 선수는 없습니다.

훌륭한 리더는
'나'라고 말하지 않는다

효과적으로 일하는 리더는 결코 '나'라고 말하지 않는다. '나'를 생각하지 않고 '우리' 혹은 '팀'을 생각한다. 팀이 제 기능을 다하게 하는 것이 자신의 임무라는 것을 안다. 책임은 피하지 않고 '내'가 받아들이지만, 명성은 '우리'가 얻는다. 이로 인해 믿음이 생기고 일할 수 있는 동력이 생긴다.

– 피터 드러커

촌철활인 | 한 치의 혀로 사람을 살린다

나를 먼저 생각하고 나서 팀을 챙기고, 그 다음에 회사를 챙기는 사람들이 있습니다. 반대로 회사를 먼저 생각하고 나서 팀을 생각하고, 그리고 마지막으로 자신을 챙기는 사람들도 있습니다. 따르는 사람들로부터 존경과 신뢰를 받는 리더, 그래서 성과를 창출하는 리더는 분명 후자입니다.

개인의 차이를 중시할 때 팀워크가 살아난다

개인의 특성이 무시되고 획일화 될 때보다 개인의 차이를 중시할 때 팀워크를 기대할 수 있다. 팀의 성공을 위해서는 조직 구성원들이 지닌 성향과 능력의 차이를 인정하는 것만으로는 부족하다. 그러한 차이를 강조하고 상호 교류로 시너지를 내도록 함으로써 팀 성과를 높이는 힘을 얻을 수 있다.

– 그레고리 후츠소, 'Toos for team excellence'에서

촌철활인 | 한 치의 혀로 사람을 살린다

다양한 사람이 모이면 크고 작은 문제와 갈등은 극히 자연스러운 현상입니다. 좋은 팀워크는 아무런 문제도 없는 조용한 조직보다 구성원 간 의견 충돌과 갈등의 해소가 끊이지 않는 시끄러운 조직에서 더 잘 형성됩니다. 갈등을 회피하려는 지나친 배려가 팀워크를 해칩니다. 팀 분위기에 지나치게 얽매이게 되면 서로의 생각을 솔직하게 얘기하지 못하고 의견의 충돌을 회피하는데 더 큰 관심을 가지게 됩니다. 팀워크 형성을 위해선 제 목소리를 내게 만들어줘야 합니다. ('프렌드십 경영'에서)

나는 건설적인 갈등을 좋아한다

나는 건설적인 갈등을 좋아한다. 그리고 사업상의 현안에 대한 최선의 결정을 도출해내는 개방적이고도 진솔한 토론을 좋아한다. 만일 한 가지 아이디어가 철저히 자유롭게 이루어지는 토론에서 살아남지 못한다면 그것은 시장에서도 살아남지 못할 것이다.

― 잭 웰치(GE 전회장)

촌철활인 | 한 치의 혀로 사람을 살린다

갈등은 피하고 보는 게 상책이라고 생각하는 리더들이 있습니다. 그러나 건설적 갈등을 피한다면 남는 것은 시장 경쟁에서 패하는 것뿐입니다. 건설적 갈등은 일부러라도 만들 수 있는 배짱을 가져야 합니다.

조 영 탁 의   행 복 한   경 영 이 야 기
리더십 편

리더의 책임과 역할

리더는 희망을 파는 상인이다

변화를 즐기는 조직을 만들자

구성원의 마음을 훔쳐라

믿고 맡기자

섬기고 봉사하라

모든 구성원을 리더로 키워라

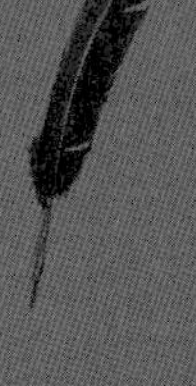

리더는
희망을 파는 상인이다

희망은 가장 인간적인 감정이다

희망은 가장 인간적인 감정이다. 오로지 인간만이 미래가 과거와 다를 수 있다는 생각을 한다. 성공하는 리더는 자신을 따르는 사람들에게 희망을 갖게 하고 더 나은 미래를 창조하고자 하는 사람의 욕망에 호소한다.

– 밥 에커트(마텔 회장)

촌철활인 | 한 치의 혀로 사람을 살린다

생각이 미래를 결정합니다. 남들이 모두 절망에 빠져 있을 때 희망을 보는 소수의 사람들이 있습니다. 그런 사람들이 성공하는 사람들입니다. 그중 몇몇은 자신을 뛰어넘어 주변에 있는 사람들에게 희망 바이러스를 전파하기도 합니다. 그들이 진정한 리더입니다.

리더는 희망을 파는 사람

리더는 관리자가 아니라 변화와 혁신을 주도하는 사람이다. 리더는 희망을 파는 사람이며, 내가 잘하는 것이 아니라 남을 잘하게 만드는 사람이다. 방향을 제시하고 사람들이 가지고 있는 역량을 최대한 발휘하도록 도움을 주는 것이 리더의 역할이다.

— 김재우(전 벽산 부회장)

촌철활인 | 한 치의 혀로 사람을 살린다

나폴레옹은 "지도자는 희망을 파는 상인"이라고 했습니다. 상인은 파는 것을 생계의 수단으로 삼는 사람들입니다. 그렇다면 리더의 생계 수단은 구성원들에게 희망을 파는 것이라 할 수 있겠습니다.

사원들에게 꿈을 제공할 수 있다면

꿈이 없는 기업에서 사원들은 일에 대한 동기도 보람도 얻을 수 없다. 사원들에게 꿈을 제공할 수 있다면, 목표달성의 7, 80퍼센트는 성공한 것이나 다름없다.

— 히구치 히로타로(아사히 맥주 전 회장), '딱 2년만 혼신을 바쳐라'에서

촌철활인 | 한 치의 혀로 사람을 살린다

사장의 임무는 직원들의 꿈을 실현시켜 주는 것입니다. 그러기 위해서는 경영자 스스로 꿈과 비전에 확신을 가져야 합니다. 만에 하나라도 경영자가 회의적인 발언을 한다면 사원들에게 용기와 의욕을 심어줄 수 없습니다. 가슴이 울렁거리는 비전을 개발, 이를 확신을 가지고 전파하여 직원들의 자신감과 자긍심을 불러일으켜야 조직 전체의 에너지 발산을 극대화시킬 수 있습니다.

비전과 동기부여

만일 당신이 배를 만들고 싶다면, 사람들을 불러 모아 목재를 가져오게 하고 일을 지시하고 일감을 나눠주는 등의 일을 하지 마라! 대신 그들에게 저 넓고 끝없는 바다에 대한 동경심을 키워줘라.

– 생텍쥐페리(어린왕자 저자)

촌철활인 | 한 치의 혀로 사람을 살린다

비전이야말로 조직원들을 동기 부여시키는 가장 핵심적인 것임을 알 수 있습니다. 비전, 하고 싶은 일, 같이 일하고 싶은 직장 동료, 자기계발 등이 급여나 복리후생 등보다 훨씬 더 큰 동기부여요인임을 경영자들이 빨리 깨달아야 하겠습니다.

비전으로 하나되는 조직 만들기

지도자의 역할은 비전을 생생하게 묘사하여 그를 따르는 사람들이 그 비전을 받아들여 자신의 비전으로 만들게 하는 것이다. 그래야 조직의 모든 에너지가 같은 목표에 집중될 수 있다. 그때 비전이 실현된다.

– 조나단 스위프트

리더는 남들이 보지 못하는 미래의 모습을 미리 보고, 이를 생생하게 묘사하여, 그 꿈과 비전이 조직의 것이 아닌, 바로 모든 구성원 개개인의 가슴을 울렁거리게 하는 자신의 목표가 되도록 만들어야 합니다. 그렇게 모든 구성원의 목표가 하나가 되어야, 승리하는 조직으로 탈바꿈하게 됩니다.

비전이 있는 행동

실행이 없는 비전은 꿈에 불과하며, 비전이 없는 실행은 시간만 보내게 한다. 비전이 있는 행동은 세상을 바꿀 수 있다.

– 조엘(Joel Barker)

촌철활인 | 한 치의 혀로 사람을 살린다

비전이 있으나 실행력이 약한 사람은 몽상가dreamer, 실행력은 있으나 비전이 없는 사람은 맹목적 실행자Doer, 비전도 없고 실행력도 없는 사람은 방관자uninvoled에 불과합니다.(이승주, '전략적 리더십'에서) 비전의 중요성은 더 이상 강조할 필요가 없습니다. 다만 비전수립, 공유 그리고 실행이 결합되어야만 제 기능을 다할 수 있음을 명심해야 합니다.

큰일을 기획하면 큰 인물들이 따른다

만일 당신이 큰일을 시도하게 되면 큰 인물들이 따를 것입니다. 만일 당신이 작은 일을 하면 작은 인물들이 따르겠지요. 보통 작은 인물들이 말썽을 일으킨답니다.

– 프랑스 고위 관리가 윈스턴 처칠에게 한 말

촌철활인 | 한 치의 혀로 사람을 살린다

모든 일은 자신이 가진 비전의 크기에 따라 달라진다는 교훈을 주는 이야기입니다. 작가 헨리 드러먼드는 "자기가 할 수 있는 일보다 큰일을 시도하지 않으면 그 사람은 자신이 해낼 수 있는 일들도 결코 다하지 못한다."라고 자신의 가능성에 제한을 두지 말라고 이야기합니다.

비전을 제시하고
간섭도 할 줄 아는 리더

리더가 갖춰야 할 가장 중요한 자질 중 하나는 사업을 위에서 내려다보며 동시에 내부에서도 볼 수 있는 균형 잡힌 안목이다. 훌륭한 리더는 15분 안에 6만 피트 상공에서 지면까지 달려갈 수 있어야 한다. 리더가 구름 속에 너무 오래 머물러 있으면 지금 무슨 일이 일어나고 있는지 알 수 없을 것이고, 땅에서만 있으면 미래를 예견할 수 없다.

– 제프리 이멜트(GE 회장)

촌철활인 | 한 치의 혀로 사람을 살린다

리더가 갖춰야할 미래에 대한 통찰력, 즉 비전과 전략구상 능력은 크게 강조되는 반면, 구체적인 현장 정보와 지식의 중요성은 경시되는 경향이 있습니다. 비전, 전략과 더불어 현장에 대한 구체적이고 해박한 정보와 지식을 갖고 있어야 훌륭한 리더라 할 수 있습니다.

비전은 남이 보지 못한 것을 보는 것이다

비전은 다른 사람들이 보지 못하는 것을 보는 것이다. 지도자의 역할은 비전을 생생하게 묘사하여 그를 따르는 사람들이 그 비전을 받아들여 자신의 비전으로 만들게 하는 것이다. 그래야 조직의 모든 에너지가 같은 목표에 집중될 수 있다. 그때 비전이 실현된다.

– 조나단 스위프트(Jonathan Swift)

어려울 때일수록 비전이 필요합니다. 우리는 더 많이 볼수록 더 많이 성취할 수 있습니다. 비전은 남이 보지 못하는 것을 미리 뚜렷하게 보고, 그것을 나 혼자만 보는 데 그치지 않고 모두가 같이 보게 하는 것이고, 그 비전으로 인해 모두의 가슴이 뛰게 하는 것이며, 그렇게 함으로써 모두의 힘을 한 방향으로 결집시키는 것이어야 합니다. 그것이 진정한 비전의 의미이고, 비전이 가진 힘입니다.

2.4%의 시간만을
미래를 위해 쓰는 경영자들

전형적인 기업 임원들은 그들이 가진 시간 중에서 2.4퍼센트만을 미래를 위한 계획을 세우는 데 쓴다. 많은 지도자들은 그날의 업무나 빡빡한 일과를 소화하기에도 바빠, 회사가 어디로 가야할지에 관해 생각할 시간이 부족하다.

– 게리 하멜

촌철활인 | 한 치의 혀로 사람을 살린다

비전을 제시하는 역할의 중요성을 아는 성공하는 기업의 경영자들은 장기적인 시각을 갖고 단기 문제들을 해결합니다. 종업원들은 자신들이 오늘의 과제에 집중하는 동안에도 경영자들은 내일의 과제에 집중해 주기를 기대합니다. 그들은 자신들을 위한 미래가 계획되어 있다고 믿으면 만족해하며, 기꺼이 맡은 일과 원대한 목표에 헌신합니다.

독수리 시야를 갖자

　타조는 지상에서 가장 크고 빨리 달리는 새이지만 날지 못해 전방 일정 거리만 볼 수 있다. 저 멀리 낭떠러지나 함정이 있는지도 모르고 뒤돌아보지 않고 옆을 보지 않기에 딴 사람, 딴 기업, 딴 나라 사정을 모른 채 전진만 한다. 반면, 하늘을 유유자적 나는 독수리는 땅으로부터 떠 있어 비현실적이고 환상적일 수는 있지만, 앞이나 옆이 멀리, 넓게 보이고 또 돌아온 과거가 너무 선명하여 자신의 갈 길을 교정하며 남들이 어떻게 하고 있는가를 살피기에 미래상이 확연하다.

– 신용호(교보생명 창업회장)

촌철활인 | 한 치의 혀로 사람을 살린다

　구성원은 독수리형 리더와 타조형 리더 중 어떤 리더를 원할까요? 바쁜 일상과 현업에 파묻혀 생활하다 보면 그 누구에게도 위임할 수 없는 경영자의 역할, 즉 전체를 조망하고, 조직의 미래를 설계하는 일을 소홀히 할 수밖에 없습니다. 조직의 리더는 독수리 시야를 갖기 위해 일부러 '노는 시간' '한가한 시간'을 반드시 만들어야 합니다.

큰일은 이해득실을 배제하고 의사 결정하라

작고 사소한 일은 '이익'이라는 기준으로 옳고 그름을 가르면 된다. 하지만 중요한 일은 단순한 이해득실로 의사결정을 내려서는 안 된다. 크고 중요한 일은 이해관계를 떠나 '무엇이 올바른가?'라는 기준으로 결정을 내려야 한다. 이 기준에 따라서 극단적으로 말해 회사가 망해도 괜찮고, 개인이 죽어도 괜찮다. 그만큼 올바른 일을 하는 것이 큰일이라고 생각한다.

– 마스시타 고노스케

촌철활인 | 한 치의 혀로 사람을 살린다

미우라 아야코의 글을 함께 살펴보세요. "어떻게 해야 좋을지 모를 때에는 자신에게 손해가 되는 쪽을 선택하는 게 낫다. 자신에게 득이 되는 일과 마주치면 인간은 시험받게 된다. 득봤다고 기뻐하다 보면 잘못된 생각을 하게 된다. 인간은 이익 앞에서 눈이 어두워지는 법이다."

만인의 꿈은 현실이 된다

"한 사람의 꿈은 꿈으로 남지만, 만인의 꿈은 현실이 된다."라는 유목민의 속담이 있다. 같은 꿈을 꾸고 있는 군대의 병사들은 죽기를 각오하고 돌격한다. 그리하여 전쟁의 어떤 위험에도 두려워하지 않는 위대한 병사들이 되는 것이다.

– 손자병법

촌철활인 | 한 치의 혀로 사람을 살린다

동서고금을 막론하고 '같은 꿈을 향해 서로 믿고 의지하면서 돌진하는 조직'을 가로막을 수 있는 것은 아무것도 없습니다. 따라서 지도자의 첫 번째이자 가장 중요한 임무는 구성원 모두가 같은 꿈을 갖고 힘과 지혜를 결집시키도록 하는 것이어야 합니다.

비전 커뮤니케이터로서의 최고경영자

나는 GE가 추진하는 모든 일에 가장 열렬한 지지자가 되었다. 나는 어떤 아이디어나 메시지를 조직 전체에 전달하고자 할 때 한 번도 이 정도면 충분하다고 말해본 적이 없다. 나는 어떤 중요한 아이디어가 있으면, 그것을 수년에 걸쳐 온갖 종류의 회의 때마다 수없이 반복해서 강조하고 또 강조했다. 나중에는 아예 신물이 날 정도였다.

— 잭 웰치

촌철활인 | 한 치의 혀로 사람을 살린다

"나의 커뮤니케이션 방법은 종종 과도한 면이 있었고, 어쩌면 강박관념으로까지 보였을지도 모른다."라고 잭 웰치는 말하고 있습니다. 그러나 모든 조직원이 한 방향으로 나아가게 하기 위해서는 잭 웰치 처럼, 핵심 가치, 비전, 신념, 핵심 아이디어를 끊임없이 전파하고 공유하는 노력이 필요합니다.

핵심가치와 비전을 끝없이 전파하라

나는 재직 중 일과의 40%를 회사의 핵심가치와 믿음에 대해 직원들과 의사소통하는 데 할애했다. 그만큼 커뮤니케이션은 중요하다. 그중에서 가장 중요한 것은 경청이다.

– 짐 버크(존슨앤존슨 전 회장)

촌철활인 | 한 치의 혀로 사람을 살린다

알리지 않아도 잘 알 거라고 지레짐작해 적극적 의사소통에 소홀한 사람이 많습니다. 저명한 경영학자, F. J Roethlistberger는 '경영관리의 요체는 의사소통Communication에 있다. 의사소통과 정보공유만 잘되어도 직원들의 사기, 일할 의욕, 창의적 분위기가 몰라보게 증진된다'며 적극적 커뮤니케이션과 정보공유의 중요성을 역설하고 있습니다.

중요한 메시지는
6번 이상 전달해야 한다

대부분의 사람들은 변화에 대한 경영자의 메시지를 귀담아 듣지 않는다. 델타 컨설팅에서는 중요한 메시지는 적어도 6번 이상을 전달하도록 방침을 정했다.

– '변화의 챔피언'에서

촌철활인 | 한 치의 혀로 사람을 살린다

오너나 최고경영층은 자신이 헌신하는 것만큼 일반 직원들도 회사 일에 헌신할 것으로 믿는 경향이 있습니다. 따라서 비전이나 전략을 한번만 얘기해도 다 이해하고 그대로 따라 줄 것으로 기대합니다. 사실은 전혀 그렇지 않습니다. 특히 변화가 초래한 불안에 휩싸인 구성원은 회사의 애기를 전혀 들으려 하지 않습니다. 같은 주제를 몇 번이나 반복하여 말하는 일이 얼마나 중요한 것인지는 아무리 강조해도 지나치지 않습니다.

10번은 얘기해야 비로소 전달된다

비전이나 경영이념, 경영자의 의지를 전파하는 데 첫술에 배부를 순 없다. 직원들은 최초 3∼4번까지는 '또 같은 소리하네.', 5∼6회 정도 되면 '아무래도 중요한가 보다.'라고 생각한다. 10회 정도 되어야 경영자의 본심이 제대로 전달되어 반응을 보이게 된다.

– 니이하라 히로아키, '기업성공 6가지 핵심조건'에서

촌철활인 | 한 치의 혀로 사람을 살린다

같은 얘기만 반복하는 사람으로 여겨질까 두려워, 혹은 말을 멋지게 꾸미지 못해 감동을 주지 못할까 봐 두려워 몇 번 얘기하고 마는 경영자가 많습니다. 그러나 서로 다른 이해관계를 가진 구성원들은 몇 번 듣는 정도로는 비전을 제대로 이해하지 못합니다. 귀에 못이 박히게 질리도록 계속해서 얘기해야만 조금씩 이해하고 반응을 보이기 시작합니다.

알아들을 때까지 이야기하라

자신의 생각과 방침을 전달할 때 '한 번 말했으니 알아들었겠지.'라고 생각하는 사장이 있다면 그야말로 형편없는 리더다. 직원들은 한 번 들은 것으로는 이해하지 못한다. 한 번 듣고 이해해서 사장의 결정을 충실하게 실행하는 직원이 있다면 그게 오히려 이상한 일이다. 그런데도 이 사실을 깨닫지 못하고 있는 리더들이 많다.

— 고야마 노부루, '사람은 믿어도 일은 믿지 마라'에서

촌철활인 | 한 치의 혀로 사람을 살린다

같은 말을 반복하면 직원들이 싫어합니다. 그것을 잘 아는 리더는 반복해서 말하는 것을 꺼리게 됩니다. 그러나 유목민의 속담처럼 한사람의 꿈은 꿈으로 끝나지만 만인의 꿈은 현실이 되기 때문에 리더는 자신의 비전과 꿈, 전략을 전체 구성원이 완전히 공유할 때까지 소통을 위한 모든 노력을 경주해야 합니다.

상사를 보고 비전을 판단한다

어느 누구도 회사 재무 상태를 보고 비전이 없다고 하지 않는다. 바로 자기 상사를 보고 판단한다. 존경할 만한 상사가 아니고, 철학을 가진 상사가 아니고, 레슨을 계속 공급해주는 상사가 아니고, 그야말로 매일매일 신선한 주스를 주는 상사가 아니면 비전이 없기 때문에 나간다. 그렇듯 리더의 역할은 한마디로 비전 심기다. 비전 없는 상사 밑에서 근무하는 것은 갑갑한 일이다.

— 조서환(KTF 부사장), '모티베이터'에서

촌철활인 | 한 치의 혀로 사람을 살린다

회사를 그만두는 가장 큰 이유는 비전이 없기 때문에 나간다는 것입니다. 회사의 비전, 경영자의 비전이 제아무리 크다 하더라도 가까이에서 매일 함께하는 직속 상사가 그 비전에 일치된 삶을 살지 않으면 직원들은 비전을 현실로 받아들이지 않습니다. 현장관리자가 비전을 공유할 수 있도록 하는 것이 우선 과제입니다.

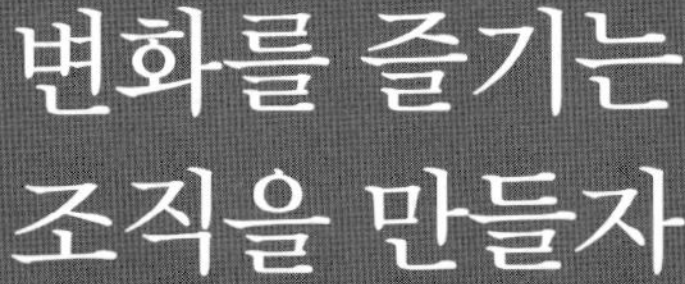

변화를 즐기는
조직을 만들자

매일 아침 눈뜨는 순간
혁신을 생각하라

어떤 기업이든 현재의 영광에 안주해서는 안 된다. 여러분도 아침에 눈을 뜨는 순간부터 긴장을 늦춰서는 안 된다. 그래서 나는 리더의 지위를 이용하여 회사 전체에 위기감을 조성했다. 그런데 위기란 한 번으로 끝나는 것이 아니라, 우리 같은 경우에는 그때와 같은 위기가 3, 4년에 한 번 꼴로 반복된다. 극단적인 경우 1년 안에 우리도 망할 수 있다. 매일 아침 눈뜨는 순간 혁신을 생각해야 하는 이유다.

– 빌 게이츠(마이크로소프트사 회장)

촌철활인 | 한 치의 혀로 사람을 살린다

성공하는 개인과 기업, 특히 장기적으로 성공하는 조직들의 공통점은 잘나갈 때 위기의식을 갖고 또 다시 변화와 혁신에 도전하는 습관이라 할 수 있습니다. 이는 동양의 전통적 진리인 '일신우일신'과 일맥상통하는, 동서고금을 떠난 진리라 하겠습니다.

풍년 든 해의 백성은 게으르다

지난 가을 조금 풍년이 들어 백성의 식량이 약간 넉넉해졌기에 내가 밤낮 걱정할 일이 조금 줄었다고 할 수 있다. 그러나 불안한 생각은 기근이 든 해보다도 도리어 더 심하도다. 대개 인정이란 조금만 편안하면 소홀해지기 쉽다. 옛말에 "척박한 땅의 백성은 부지런하고 기름진 땅의 백성은 게으르다."라고 했는데, 나는 풍년 든 해의 백성은 게으르다고 말하겠다.

– 정조대왕, 안대회 저, '정조 치세어록'에서

촌철활인 | 한 치의 혀로 사람을 살린다

풍년이 들어 오히려 백성들이 게을러질까 두려워하는 임금의 마음에서 진한 감동을 느낄 수 있습니다. 그렇습니다. 걱정하는 것이 리더의 역할입니다. 구성원과 조직의 안녕, 발전을 끊임없이 걱정하는 데서 보람을 찾는 리더가 참 리더입니다.

편안한 때일수록
위태로움을 잊지 말고 경계하라

사람들이 말하기를 평화로운 세상에서 어찌하여 성 쌓기에 급급히 구는가 한다. 하지만 나는 그렇지 않다고 생각한다. 편안한 때일수록 오히려 위태로운 것을 잊지 않고 경계함은 나라를 위하는 도리이다. 어찌 도적이 침범하여 들어온 후에야 성 쌓을 이치가 있겠느냐?

– 세종대왕

촌철활인 | 한 치의 혀로 사람을 살린다

우리들 범인凡人들은 위기 때는 긴장하다가도 위기가 지나가고 일이 잘 풀리기 시작하면 긴장의 끈을 놓게 됩니다. 반면 역사상 위대한 리더들은 잘나갈수록 위태로움을 대비하는 거안사위居安思危를 실천에 옮긴 사람들입니다. 조직의 안위를 책임지는 모든 리더들은 거안사위를 생활의 철칙으로 매뉴얼화 할 필요가 있습니다.

만족하지 않는 리더십

나는 백척간두 갱진일보(百尺竿頭 更進一步)의 소신을 갖고 있다. 진정한 진보라는 것은 높은 정상에 오르고 난 후에라도 만족하지 않고 더욱더 그 이상의 것을 생각하는 것으로부터 태어난다. 인간에게는 '이 정도면 괜찮다'고 만족하는 것이 가장 무서운 적이다.

— 카와무라(일본 이토만사 사장)

촌철활인 | 한 치의 혀로 사람을 살린다

보통 사람들이 불안해하는 큰 위기 속에서는 오히려 차분히 기회를 모색하고, 모두가 만족해하는 소위 '잘나갈 때' 큰 위기를 느껴 좌불안석하는 조직을 만들 수 있는 리더가 진정한 변화혁신의 리더입니다.

24시간 안에 모든 것을 잊어라

나 자신과 선수단 모두에게 적용된 24시간 원칙이 우리가 내셔널 풋볼
리그에서 오랫동안 최정상을 지킬 수 있었던 원동력이다. 우리는 경기 이
후 최대 24시간 동안 우승의 기쁨을 만끽하거나 뼈저린 패배의 비통함을
한껏 느낀다. 일단 이 24시간이 지나면 모든 걸 잊고 전력을 다해 다음 시
합에 대비한다.

— 돈 슐라(마이애미 돌핀스 감독)

촌철활인 | 한 치의 혀로 사람을 살린다

캔 블랜차드 역시 승리와 패배에 연연하지 말라는 경구를 던
져줍니다. "승리에 너무 의기양양해 하거나 패배에 너무 기죽지
말고 멀리 내다보아라 성공은 결코 영원하지 않으며 실패는 치
명적인 것이 아니다. 그것이 인생이다."

갑작스런 위기는 없다

다음 주에 갑작스레 위기가 닥쳐올 리는 없다. 내 스케줄은 이미 위기로 가득 차 있기 때문이다.

– 헨리 키신저(전 미 국무장관)

촌철활인 | 한 치의 혀로 사람을 살린다

　빌 게이츠는 늘 마이크로소프트는 파산까지 18개월 밖에 남지 않았다고 생각하면서 위험에 대비한다고 전해집니다. "편안한 가운데서도 항상 위험한 때를 생각하고, 생각하면 준비를 갖추어야 위험에 대비할 수 있다.居安思危 思則有備 有備無患" 동양 고전 서경書經에 나오는 유비무환을 서양의 유명 정치인과 기업가가 실천하고 있음을 알 수 있습니다.

위기에서 교훈을 찾아라

좋은 시절보다는 어려운 시절에 배울 것이 더 많다. 내가 평생 지니고 가게 될 값진 교훈들은 거의 대부분 절망의 순간에 다가왔다. 위기가 발생하면 우리는 다음의 다섯 가지 사항을 되뇐다. 1)당황하지 말 것 2)진상을 파악할 것 3)정확한 진상을 바탕으로 결정을 내릴 것. 4)끊임없이 자문을 구할 것 5)재발 방지를 위해 처리 과정을 분석할 것.

— 데이비드 노박, '노박씨, 이럴 땐 어떻게 하나요?'에서

촌철활인 | 한 치의 혀로 사람을 살린다

위기를 완전히 피할 수 없다면 위기가 주는 교훈이라도 반드시 찾아야 합니다. 위기를 느낄 수 있는 정도라면 더 이상 위기가 아니라고 생각합니다. 그 다음에 할 일은 위기에 움츠러드는 대신, 그 위기 속에서 어떻게 기회를 찾느냐에 집중해야 합니다.

위기 속에서 빛나는 리더십

진정 위대한 지휘관은 모든 난관을 극복해야 함을 기억하라. 전투는 단지 극복되어야 하는 어려움의 연속일 뿐이다. 장비부족, 식량부족 등 무엇무엇이 부족하다는 말은 변명에 지나지 않는다. 어떠한 역경 속에서도 승리함으로써 자기 능력을 드러내는 것이야말로 진정한 리더이다.

— 조지 마샬(장군)

촌철활인 | 한 치의 혀로 사람을 살린다

리더에 대한 기대감은 위기국면에서 고조됩니다. 조직이 위기에 직면했을 때 조직원이 혼란스러운 상황을 탈출하기 위해 신뢰할 수 있는 존재가 바로 리더입니다. 그런 점에서 리더에게 있어 위기는 회피의 대상이 아니라, 자신의 존재를 드러낼 절체절명의 기회로 즐길 수 있어야 합니다.

위기의식과 경영

회사가 위기의식을 유지하는 것이 불가능하다면 종업원의 사기는 확실히 둔감해져 수익성 있는 회사를 만드는 데 중요한 요소를 놓치게 된다. 때문에 위기감을 체계적으로 유지하는 일은 기업경영에서 매우 중요한 요소이다.

– 카를로스 곤(일본 닛산 자동차 사장)

촌철활인 | 한 치의 혀로 사람을 살린다

사람들은 기본적으로 변화와 혁신을 싫어하기에, 변화를 위한 첫 번째 조치는 모든 직원들이 위기의식을 공유하게 하는 것이라 합니다. 위기가 눈앞에 닥쳐야만 비로소 사람들은 움직이기 시작하기 때문입니다. 없는 위기도 만들어 내는 경영자가 진정 위대한 경영자입니다.

21세기 형 변화의 모습

변화 자체가 변했다. 이제 변화는 더 이상 점진적이지 않다. 더 이상 단선적으로 움직이지 않는다. 21세기의 변화는 불연속적이고, 돌발적이며, 선동적이다. 혁명의 시대에 기회는 광속으로 왔다가 광속으로 사라진다.

– 게리 하멜, '꿀벌과 게릴라'에서

촌철활인 | 한 치의 혀로 사람을 살린다

혁신을 위해서는 위기감을 평균 이상으로 유지하는 것이 필요합니다. 그러나 지나친 위기의식은 자칫 직원의 사기저하와 내부 조직 분열로 이어질 위험도 있습니다. 따라서 극심한 침체기에는 오히려 조직에 '할 수 있다'는 긍정적 마인드를 확산시키고, 상하 간에 힘을 합쳐 위기를 어떻게 기회로 반전 시킬 수 있을까 하는 즐거운 고민(?)을 할 수 있도록 활기찬 분위기를 만들어가는 것이 리더의 역할입니다.

안정은 역사에서 예외적 사건

계속적인 안정은 역사에서 예외적인 사건일 뿐이다. 문제는 대다수의 사람들이 혼란이라는 '정상적인' 진로로, 역사의 수레바퀴 속으로 들어가는 데 적응하지 못한다는 사실이다.

– 피터 드러커

촌철활인 | 한 치의 혀로 사람을 살린다

"지금보다 더 안정적인 사회는 앞으로 다가오지 않을 것이다."라는 말을 강조합니다. 변화와 혁신이라는 주제가 어느 순간이 지나면 사라질 것이라는 근거 없는 희망은 버려야 합니다. 리더는 차라리 변화 속에 몸을 던져 남보다 빨리, 더 확실히 변화하는 것을 즐겨야 합니다. 자신 뿐만 아니라 조직원 모두가 변화를 즐기는 조직을 만들어야 오래 지속되는 성공을 이어갈 수 있습니다.

개혁이 쉽지 않은 이유

새로운 질서를 만들어 내는 것만큼 어렵고 힘든 일은 없다. 왜냐하면 현재의 제도와 시스템으로 혜택을 보고 있는 모든 사람들로부터 엄청난 저항을 받을 수밖에 없기 때문이다. 그러나 한편 개혁을 도와줄 사람들은 새로운 질서가 가져다줄 혜택에 대한 모호한 그림밖에는 없다. 강력한 적과 미온적인 동지, 이것이 혁신이 성공하기 어려운 근본적인 이유이다.

– 마키아벨리, '군주론'에서

촌철활인 | 한 치의 혀로 사람을 살린다

놀라운 통찰력입니다. 기득권자들이 버려야할 기득권은 명확하게 보이는 반면, 새로운 개혁을 통해 얻을 수 있는 혜택은 불확실하기 때문에 모든 개혁에는 반드시 저항이 따릅니다. 저항 극복에 대해 미리 구체적인 방법을 설계하지 않고 시작하는 혁신은 대부분 실패하게 되어 있습니다. 혁신 성공 후 얻어지는 열매를 가시적으로 제시하는 것도 혁신 리더의 몫입니다.

구성원의
마음을 훔쳐라

전쟁의 승패를 결정하는 것

많은 전쟁터에서 우리는 승패를 결정하는 중요한 사실을 발견했다. 즉, 한쪽은 전력을 다해 싸웠으나 다른 한쪽은 그렇지 않았다는 사실이다.

– 존 보이드(John Boyd, 유명한 군사전략가)

촌철활인 | 한 치의 혀로 사람을 살린다

　우리의 태도가 앞으로의 미래를 결정합니다. 운명은 열심히 일하는 사람의 편을 들게 마련입니다. 다행히 모든 사람들은 꿈을 실현시켜주는 가장 효과적 매개체라 할 수 있는 열정과 헌신을 다할 준비가 되어있습니다. 그것을 풀어주는 것이 리더의 역할입니다. 리더가 조직을 위해 헌신하지 않으면 이를 따를 사람이 없기에 리더 스스로 헌신하는 모습을 보여주어야 합니다.

고성과 사장들의 특징

고성과 사장들은 이익뿐만 아니라 사람에 대해서도 관심을 갖고 있었다. 중간 성적의 사장들은 제조에만 신경을 집중했고, 저성과 사장들은 오로지 자신의 지위에만 관심이 있었다. 고성과 사장은 부하직원을 낙관적으로 보는 반면, 저성과 사장들은 부하직원들의 능력을 기본적으로 불신하고 있었다.

— 월 스트리트 저널

촌철활인 | 한 치의 혀로 사람을 살린다

탁월한 성과를 창출하는 경영자는 사람에 대한 관심과 애정, 그리고 신뢰를 가지고 있습니다. 그들은 항상 부하직원의 말을 경청합니다. 사람을 중히 여기면 이익이 자연스럽게 따라옵니다.

100% 능력 발휘하게 하는 것, 그것이 바로 경영자의 일

직원들은 불과 5%에서 10%의 능력밖에 발휘하지 않는다. 나머지 90%에서 95%의 미개발 능력을 매일 일터로 가져오게 하는 것, 그것이 바로 경영자가 하는 일이다.

— 바네빅

갤럽이 수천 명의 직장인을 대상으로 조사한 결과, 29%는 회사 일에 몰두해서 열정적으로 일한다고 합니다. 54%는 활력 없이 마지못해 일하고, 17%는 다른 사람들의 성과를 손상시킬 정도로 이미 이탈되었다고 합니다. 자기보다 더 현명하고 유능한 인재를 모아서, 그들의 잠재능력을 100% 발휘하게 하는 것, 그것이 바로 경영이요. 리더십의 요체라 할 수 있습니다.

사람을 정말로 소중하게 여기는 법

성과가 나쁜 기업에서는 사람이 잠자고 있다. 그 사람들이 나쁘다라기보다는 그 사람들이 시간을 잊을 정도로 집중할 수 있는 감동적인 일에 종사하고 있지 않기 때문에 능력을 발휘할 수 없는 것이다. 사람들이 몰입해서 일할 수 있도록 만드는 것이야말로 정말로 사람을 소중하게 여기는 것이다.

– 니이하라 히로아키, '기업성공 6가지 핵심조건'에서

촌철활인 | 한 치의 혀로 사람을 살린다

사람을 소중하게 여기는 것은 물질적 혜택을 증대시키는 것과는 크게 관련이 없습니다. 자신의 일이 사회에 공헌하고 있다는 느낌, 평범함이 아닌 탁월성을 추구하고 있다는 믿음을 갖게 하는 것이 중요합니다. 무엇보다도 시간을 잊을 정도로 몰입flow할 수 있도록, 감동적인 일을 제공하는 것이 진정으로 사람을 소중하게 여기는 것입니다.

마음을 훔치는 리더

타고난 재능, 지식, 많은 학식, 이런 것들은 성공을 보장해주지 않는다. 대신 남이 원하는 것을 포착하는 감각과 그것을 주려는 의지가 필요하다. 원하는 것을 찾아 최선을 다해 그것을 충족시켜준다면 그러한 배려를 고맙게 생각하지 않을 사람이 어디 있겠는가?

— 루터(Martin Luther)

촌철활인 | 한 치의 혀로 사람을 살린다

"자기 자신을 이끌려면 당신의 머리를 사용하고, 다른 사람을 이끌려면 당신의 가슴을 사용하라."라는 격언이 있습니다. 가장 훌륭한 성과를 거두는 사람은 가장 뛰어난 독불장군이 아닙니다. 오히려 동료의 두뇌와 재능을 최대한 활용하는 사람입니다.

헌신을 요청하라
관심과 헌신은 다르다

어떤 일에 관심이 있으면 시간이 날 때 혹은 하고 싶을 때에만 그것을 한다. 하지만 헌신이면 어떤 변명도 받아들이지 않는다. 그저 관심만 보이는 사람을 육성하지 마라. 헌신하는 사람을 육성하라. 헌신 없이 성공할 수 없다.

– 켄 블랜차드

촌철활인 | 한 치의 혀로 사람을 살린다

모든 것을 인생이란 게임에 쏟지 않은 사람이 성공할 수는 없습니다.(월트 크론카이트 기자) 헌신은 성공의 또 다른 이름입니다. 헌신하지 않는 잠재적 리더들을 육성하는 것은 시간 낭비일 뿐입니다. 부하들에게 헌신을 요구할 줄 아는 리더가 참다운 리더라 할 수 있습니다.

열기구가 자연스럽게 떠오르게 해주기

나는 직원을 '열기구'에 곧잘 비유한다. 그 직원의 고민거리만 해소시켜 주면, 무거운 짐을 덜어낸 열기구처럼 어느 직원이나 반드시 상승할 수 있다. 나는 고민을 해소시켜 주기 위해 틈날 때마다 직원들을 붙잡고 "무슨 곤란한 일은 없는가." 하고 물어 보았다.

– 히구치 히로타로(아사히 맥주 전 회장)

촌철활인 | 한 치의 혀로 사람을 살린다

어릴 적에, "이제 공부해야겠다고 막 다짐할 때 공부 좀 하라."라는 어머니의 잔소리(?)를 들은 적은 없습니까? 사람들은 원래 누구나 스스로 노력하려는 마음을 지니고 있으나, 상사에게서 이런 저런 잔소리를 듣다 보면 일에 대한 의욕을 잃게 됩니다. 직원 스스로 상승하려는 마음을 지닌 열기구라 생각하고 '열기구가 뜨지 못하게끔 매달아 놓은 돌'을 치움으로써 열기구가 자연스럽게 떠오를 수 있도록 해주는 것이 경영자의 역할이라고 규정지어 보면 어떨까요?

회사 업무가 '개인적 사명'이 되게 하는 법

사람들은 자기가 시작단계에서부터 관여한 일은 끝까지 지지하게 된다. 상사가 아무리 면밀하고 논리적인 계획을 제시하더라도 직원에게 그것은 그저 명령일 뿐이다. 하지만 직원이 그 아이디어의 시작단계에서부터 기여할 수 있도록 하면, 같은 아이디어라도 이제는 그 직원의 '개인적 사명'이 되는 것이다.

— 메리케이 애쉬(메리케이 애쉬 화장품 창업회장)

촌철활인 | 한 치의 혀로 사람을 살린다

타인의 의견을 묻는 것은 그래서 중요한 경영기술이 됩니다. "당신 생각에는 이제 뭘 해야 할 것 같습니까?" 상사가 의견을 물어오면 직원은 스스로를 중요한 존재라고 느끼게 됩니다. 또한 이를 통해 직원은 회사의 사업에 적극 동참하게 됩니다.

일속에서 재미와 열정을 느끼는 이유

사람들은 1. 자신이 가치 있는 일을 하고 있다는 느낌(sense of meaning-fulness)을 받거나, 2. 그 일을 할 때 자신에게 선택권이 있다는 느낌(sense of choice), 3. 그 일을 할 만한 기술과 지식을 갖추고 있다는 느낌(sense of competence), 4. 실제로 진보하고 있다는 느낌(sense of progress)을 갖게 될 때 일 속에서 재미와 열정을 느낀다.

– 케네스 W. 토마스, '열정과 몰입의 방법'에서

촌철활인 | 한 치의 혀로 사람을 살린다 ✎

돈이 없어서, 혹은 복리후생 수준이 떨어져서 직원들이 열정과 헌신, 몰입을 다하지 않는다고 생각하는 경영자들이 많습니다. 그러나 직원의 마음을 사는 데 돈은 그렇게 결정적인 요소가 아닙니다. 상상력이 지배하는 사회에서 경쟁력의 초석이 되는 구성원의 마음을 잡기위해 보다 많은 관심과 투자가 필요합니다.

현장에 있는 리더

맨 꼭대기에 앉아서 명령만 내리려고 하지 말라. 직접 뛰어들어 일이 돌아가는 전체과정을 알고, 활력을 불어넣어 주면서 임무를 완수하도록 격려하고 전투 정신을 주입해 주어라. 사람들이 좋은 일을 한다는 마음을 품게 해라.

— 헨리 민츠버그(Henry Mintzberg)

리더가 일선에서 지휘를 하지 않을 때 조직은 고통당하게 됩니다. 신뢰가 무너지고 낭설이 무성하며 새로운 시도는 거센 반발에 부딪히고, 사람들은 자기를 지키기에 바쁘고 두려움에 떨게 됩니다. 사기가 바닥까지 떨어진 조직의 특징적 현상입니다. 높은 사기와 결단력, 헌신은 시장에서 승리하게 원동력이고, 그것을 이끌어 내는 것은 리더의 고유한 역할입니다.

직원들의 마음을 움직이는 3H 경영

직원들의 손을 움직였을 때에는 잠재능력의 20~30%를 끌어낼 수 있을 뿐이지만 머리를 움직이는 지식노동자로 양성하면 4~50%의 잠재능력을 발휘하게 할 수 있고, 마음까지 움직인다면 잠재능력의 120%를 끌어내는 것이 가능하다. 사람의 능력은 발에만 있는 것이 아니라 머리에도, 그리고 가슴에도 있다는 것을 마음속 깊이 느꼈다.

– 문국현, '대한민국 희망보고서 유한킴벌리'에서

촌철활인 | 한 치의 혀로 사람을 살린다

직원의 능력을 120%까지 끌어내려면 머리와 뜨거운 가슴까지 활용해야 합니다. 문국현 사장은 이를 3H이론으로 설명합니다. 3H는 손 Hand, 머리 Head, 마음 Heart를 말합니다. 즉 직원들의 손을 움직이기보다는 머리를, 머리를 움직이기보다는 마음을 움직여야 한다는 것이며, 이를 위해 직원의 건강관리, 평생학습 지원, 참여유도와 같은 인간존중경영을 늘 실천하고 있다고 말합니다.

자신이 중요한 존재라고
생각하게 하라

훌륭한 리더는 구성원들로 하여금 스스로 한직이 아니라 조직의 중심에서 일한다는 생각을 갖게 한다. 즉, 구성원 개개인이 조직의 성공을 위해 중요한 일을 하고 있다고 느끼게 하는 것이다. 이런 분위기 속에서 사람들은 자신이 중요한 존재라고 생각하며, 일에서 의미를 찾는다.

– 워렌 베니스

촌철활인 | 한 치의 혀로 사람을 살린다

워렌 베니스는 "직원을 소중히 여기지 않는 기업은 곧 무너지고 말 것이다."라고 강하게 주장합니다. 한편 회사 또는 조직 생활에서 자신이 하는 일에 의미가 있을 때 사람들은 동기가 부여됩니다.(테렌스 달 & 앨런 케네디) 일반적인 생각과 달리 다 큰 어른들(직장인)도 조그마한 칭찬과 배려에 크게 감동합니다.

칭찬과 인정은
아무리 많아도 신물 나지 않는다

나는 아버지로부터 수많은 유머로 칭찬과 인정을 받았는데, 단 한 번도 지겹거나 신물이 난 적이 없다. 그리고 그때마다 나는 반드시 해낼 수 있다는 자긍심을 가질 수 있었다.

— 톰 피터스

촌철활인 | 한 치의 혀로 사람을 살린다

칭찬은 귀로 먹는 보약입니다. 칭찬은 고래도 춤추게 합니다. 특히 자라나는 자녀들에게 칭찬은 평생을 살아가는 데 버팀목이 되고 자존감 형성에 결정적으로 기여하기에 더욱 중요합니다. 물론 자녀에게 칭찬을 많이 하는 것 못지않게 잘하는 것이 중요합니다. 일례로 능력과 결과에 대한 칭찬보다는 노력과 과정에 대한 칭찬이 바람직하다고 말해집니다.

일주일에 한 시간은
칭찬거리를 찾는 데 투자하라

불행히도 대부분의 리더들은 직원들이 잘못하고 있는 것을 알아보는 데는 천부적인 소질을 가지고 있는 반면, 그들이 잘하고 있는 것을 알아주는 데는 인색하다. 나는 항상 리더들에게 직원들이 잘하고 있는 것을 찾아내는 데 적어도 일주일에 한 시간씩은 투자하라고 충고한다.

– 켄 블렌차드, '리더의 심장'에서

촌철활인 | 한 치의 혀로 사람을 살린다

사람은 자기를 높이 평가해주는 사람 앞에서 최대한의 능력을 발휘합니다. 시간을 투자해서 잘하는 것을 찾아내고, 구체적으로 꼬집어 공개적으로 칭찬해주면 사람은 누구나 승자의 길로 들어서게 됩니다.

공개적인 칭찬, 비공개적인 칭찬

최고의 성과를 거둔 사람을 굳이 공개적으로 칭찬할 필요는 없다. 그런 사람은 다른 사람이 없는 자리에서 칭찬하는 것이 더 좋다. 다른 사람의 시기와 질투를 피하면서 수퍼스타에 걸맞은 칭찬을 해줄 수 있기 때문이다. 반대로 비교적 덜 중요한 역할을 맡은 사람은 공개적으로 칭찬하는 편이 더 효과가 크다.

– 존 우든, '리더라면 우든처럼'에서

촌철활인 | 한 치의 혀로 사람을 살린다

전설적인 농구 감독 존 우든은 실제로 덜 중요한 역할을 맡은 선수에게 훨씬 많은 칭찬과 지지, 인정을 해준 것으로 알려져 있습니다. 대신 팀 기여도가 높은 선수들에게는 다른 선수들이 보지 않는 곳에 따로 불러 엄청나게 많은 칭찬을 했다고 합니다. 칭찬의 중요성은 많이들 알고 있습니다. 이젠 개인의 잠재력과 팀워크를 극대화 할 수 있는 효과적인 칭찬 방법을 익혀서 활용하면 어떨까요?

좋은 직원을 훌륭한 직원으로
탈바꿈시키기

가장 성공한 기업 회장에서 슈퍼마켓 말단 직원에 이르기까지 누구나 원하는 것이 있다. '유능하고 일을 가장 잘한다는 말과 더불어 그들이 기울인 노력을 남들이 알아주는 것'이다. 조금만 더 인정해주는 것. 그것이야말로 좋은 직원을 훌륭한 직원으로 탈바꿈시키는 데 필요한 모든 것이기도 하다.

– 스튜어트 레빈 & 마이클 크롬(Stuart Levine & Michael Crom)

촌철활인 | 한 치의 혀로 사람을 살린다

존중은 상대를 중요하고 고귀하게 대우하는 것을 말합니다. 존중은 일의 성과와 관련 없이 인간이기 때문에 받아야 하는 무조건적인 것입니다. 반면 인정은 조직에 기여한 일을 기준으로 하는 것입니다. 존중과 인정 둘 다 직원들을 성장시키는 비료와 같은 것입니다. 그 반대는 무관심입니다. 무관심은 그들이 그렇게 중요하지 않다는 메시지를 전달하는 것과 같습니다.

직원들이 활짝 꽃피게 하는 방법

만약 당신이 직원들 안에서 최상의 것을 찾는다면 그들은 꽃처럼 활짝 필 것이다. 만약 비판하거나 최악의 것을 찾는다면 그들은 시들어 버릴 것이다.

– 리차드 브랜슨(버진그룹 회장)

촌철활인 | 한 치의 혀로 사람을 살린다

사람들은 자신이 대우받는 방식에 따라 반응합니다. 김춘수 시인의 '꽃'을 감상해보세요. "내가 그의 이름을 불러 주기 전에는 그는 다만 하나의 몸짓에 지나지 않았다. 내가 그의 이름을 불러 주었을 때 그는 나에게로 와서 꽃이 되었다. 내가 그의 이름을 불러 준 것처럼 나의 이 빛깔과 향기에 알맞은 누가 나의 이름을 불러 다오. 그에게로 가서 나도 그의 꽃이 되고 싶다. 우리들은 모두 무엇이 되고 싶다. 너는 나에게 나는 너에게 잊혀지지 않는 하나의 눈짓이 되고 싶다."

신뢰를 듬뿍 보내면
이익으로 돌아온다

길게 보면 가끔 속임을 당하거나 실망할 위험이 따르더라도 신뢰를 듬뿍 보내는 것이 무능하거나 성실하지 못하다고 생각하는 것보다 지혜롭다.

– 워렌 베니스

직원들이 형편없다고, 그런 직원들 때문에 성과가 안 난다고 푸념하는 경영자들이 많습니다. 경영의 신이라 일컬어지는 마쓰시타 고노스케는 "부하직원 모두가 나보다 배운 것이 많고 재능이 많은, 위대한 사람으로 보였다."라고 말합니다. 존슨앤존슨, 짐 버크 회장 역시 "나는 사람들이 스스로 신뢰받을 만한 가치가 없음을 입증하기 전까지는 그들을 계속 신뢰한다. 그리고 그렇게 할 때 훨씬 많은 일이 일어난다는 것을 발견했다."라고 말합니다.

남을 움직이게 하려면

나는 자기 스스로 일에 높은 동기를 부여하지 않은 사람이 관리자로 성공한 경우를 결코 보지 못했다. 사람에게 최고의 동기를 부여하는 사람은 대부분 자신들의 업무에 최선을 다해 몰두하여 열심히 일한 사람들이다.

– 밴 플리트의 '22가지 관리함정'에서

촌철활인 | 한 치의 혀로 사람을 살린다

상대방의 관점에서 바라보기, 비전 제시, 성장에 도움 주기, 좋은 사람들과 함께 일하기, 칭찬과 높은 기대, 가치 있는 업무 등이 급여와 근로조건보다 더 중요한 동기부여 요인으로 밝혀졌습니다. 그러나 최후의 동기부여 요인, 그리고 가장 효과가 높은 것 중 하나는 바로 리더가 몸으로 실천하는 솔선수범입니다. 구성원에게 요구하기 전에 먼저 실행해 보십시오. 분명 놀랄 만한 효과를 거둘 수 있습니다.

사람들은 열정이 있는 사람을 따른다

열정적인 사람들은 어떻게든 일을 해낸다. 훌륭한 리더에게서는 주어진 일을 해내고자 하는 열정을 느낄 수 있다. 열정이 눈에 보인다. 열정적인 사람들은 다른 사람들에게 사기와 의욕을 불러일으킨다. 우리가 잘 아는 것처럼, 열정은 전염성이 있다.

– 레너드 H. 로버츠(라디오색 회장 겸 CEO)

촌철활인 | 한 치의 혀로 사람을 살린다

열정은 공동체와 그 구성원들에 대한 의무감을 극대화시킵니다. 사람들은 자신이 하는 일에 애정을 가진 사람을 따릅니다. 리더는 사람들에게 열정을 보여주어야 하고, 조직원 전부를 열정으로 전염시키는 것을 자신의 주요한 사명으로 삼을 줄 알아야 합니다.

솔선수범에는 충성심으로 보답한다

부하를 단속하려면 먼저 자기 행실을 올바르게 가져야 한다. 자신이 올바르게 행동하면 엄명을 내리지 않아도 지시대로 들을 것이요. 자신이 부정한 행동을 하면 아무리 엄명을 내려도 듣지 않을 것이다.

— 정약용

촌철활인 | 한 치의 혀로 사람을 살린다

일본 자동차용품 판매업체 옐로햇의 가기야마 히데사부로 창업자는 매일 아침 사내 청소를 하는 것으로 일과를 시작합니다. 처음엔 본체만체 하던 사원들 중에 청소를 시작한 지 10년이 지나 몇몇이 동참하고, 20년이 지나자 전원이 동참하게 되었다 합니다. 강요로 시작된 일은 오래가지 않습니다. 리더가 솔선수범하면 추종자들은 끝없는 충성심으로 보답합니다.

믿고
맡기자

리더는 동료들의 능력과 재능을 활용하는 사람이다

닭은 아침을 알리고 고양이는 쥐를 잡듯이, 부하 한 사람 한 사람의 능력을 제대로 발휘시키면 위에 선 사람은 할 일이 없어진다. 위에 선 사람이 능력을 발휘하면 오히려 일은 제대로 되지 않는다.

– 한비자

촌철활인 | 한 치의 혀로 사람을 살린다

리더는 성과를 창출하는 사람입니다. 그러나 자신의 능력으로 성과를 창출하는 것이 아니라, 동료직원들의 능력과 재능을 활용해서 성과를 창출하는 것이 진정한 리더입니다. 이것을 제대로 이해하는 것이 리더십의 시작이라 믿습니다.

훌륭한 리더가 되는 길

훌륭한 리더가 되기 위해서는 최대한 통제를 줄여야 한다. 미국 정부로부터 말콤볼드리지 품질상을 수상한 기업의 CEO와 대화를 나눈 적이 있다. 그에게 훌륭한 기업을 이끌어가는 데 제1의 장애 요인이 무엇이었느냐고 묻자 '통제를 포기하는 것'이었다고 답했다. 항상 누군가를 통제하기 바쁜 사람은 훌륭한 리더가 될 수 없다.

– 스티븐 코비

촌철활인 | 한 치의 혀로 사람을 살린다

리더가 가진 자원, 즉 리더 자신의 시간과 관심을 어디에 쓰느냐에 따라 조직의 성패가 갈립니다. 리더는 통제와 문제해결보다는 새로운 기회 탐색에 초점을 맞추고, 통제와 문제해결은 현장 직원 스스로 권한과 책임을 가지고 진행할 수 있도록 해야 합니다.

훌륭한 임금이 되는 법

임금은 지혜를 버려야 신하를 바로 살피는 총명을 얻게 되고, 현명함을 버려야 신하들이 저마다 능력을 발휘하여 공적을 세우게 되며, 용맹을 버려야 신하들이 저마다 용기를 다하여 나라를 강하게 할 수 있다.

– 한비자

촌철활인 | 한 치의 혀로 사람을 살린다

일반 사람은 지혜와 현명함과 용기를 가져야 큰 성과를 이룰 수 있습니다. 그러나 리더의 자리에 있는 사람은 지혜와 현명함과 용기를 갖춘 사람들을 발굴하고, 또 그들이 가진 재능을 최대한 발휘하게 함으로써 자신이 목적하는 바를 이룹니다. 리더의 능력은 자신이 가진 것이 아니라 함께 일하는 사람들의 능력으로 평가됩니다.

리더는 삿대가 되어야 한다

리더는 삿대가 되어야 한다. 배가 수심이 얕은 곳에 걸려서 나가지 못할 때는 삿대질을 한다. 그럴 때 고마운 것이 삿대이다. 하지만 그 위기를 벗어나 배가 순풍을 만나 쏜살같이 달릴 때, 삿대가 배위에 나타나 이리저리 휘젓고 다니면 배 위에서 아무 일도 못한다. 배가 잘 달릴 때는 삿대는 배 어느 한쪽에 보이지 않게 누워있어야 한다.

— 박해조, '천국을 낭비하는 사람들'에서

촌철활인 | 한 치의 혀로 사람을 살린다

그렇습니다. 리더는 상황에 따라 자신의 역할을 자유자재로 바꿀 수 있어야 합니다. 위기일 때는 직접 현장에 나서서 직원들과 함께 땀 흘려가며 난국을 헤쳐가야 합니다. 반면 평상시에는 직원들이 스스로 책임감을 가지고 시행착오를 통해 성장할 수 있도록 한 발짝 물러나 있는 것이 좋습니다.

한 사람을 성장시키는 가장 좋은 방법

누군가에게 책임을 맡기고 그를 신뢰한다는 사실을 알게 하는 것만큼 한 사람을 성장시키는 일은 없다.

— 부커 T. 워싱턴

촌철활인 | 한 치의 혀로 사람을 살린다

임파워먼트의 진정한 묘미는 권한위양으로 인해 일정한 기간 동안 손해가 발생할 것을 알면서도 책임과 권한을 넘겨준다는 데 있습니다. 장기적 관점에서 부하직원의 성장을 지원하고 동기부여와 몰입도 향상을 위해 단기적인 손실을 감내하는 배짱과 용기가 없으면 진정한 임파워먼트가 불가합니다.

철강왕 카네기의 경영자론

좋은 최고경영자는 일상적 업무까지 일일이 통제하지 않는다. 경영자의 직무는 발전적인 업무체계를 수립하고 유능한 직원을 배치하며, 일이 제대로 진행되도록 정확한 방향을 설정하는 것이다. 만일 직원이 최선을 다하도록 하기 위해 경영자가 나서서 감독해야 한다면, 이는 직원을 잘못 뽑았거나 업무체계에 문제가 있는 것이다.

– 앤드류 카네기(철강왕)

촌철활인 | 한 치의 혀로 사람을 살린다

"미덥지 못하면 맡기지 말고 일단 썼으면 믿고 맡겨라." 송사(宋史-중국사서(史書))에서 유래한 '의인불용疑人不用 용이불의用而不疑'와 일맥상통합니다. 이병철 삼성 창업회장이 인사관리의 핵심으로 삼았던 경구이기도 합니다. 바로 이런 것이 동서고금에 걸친 진리가 아닌가 합니다.

내가 하는 두 가지 일

나는 진정으로 두 가지 일만 한다. 하나는 우리의 기능을 수행하도록 경영자들을 끌어들이고 잡아두는 것이다. 다른 한 가지 일은 자본의 분배다. 나는 이 사업에서 과중한 모든 업무를 하부 경영진에게 위임했다. 퇴직 시점까지 권한을 위임할 것이다. 버크셔에는 종업원들이 3만 3,000명이나 있지만 단지 12명만 본사에서 일한다.

– 워렌 버핏(투자회사 버크셔 회장)

촌철활인 | 한 치의 혀로 사람을 살린다

권한위임은 전문적 경영원칙이 아니라 단순한 상식에 해당합니다. 부하직원을 믿지 못해서, 자리를 뺏길 거라는 두려움 때문에, 혹은 또 다른 이유 때문에 권한위양을 못하는 경영자와 관리자가 많습니다. 그러나 일상적 업무를 위임하고 남는 시간을 전략구상 등 보다 가치 있는 일에 투자해야 하는 경영자의 막중한 책임을 고려할 때 권한위임은 피해갈 수 없습니다.

책임을 나눠줄 때
주인의식이 생겨난다

CEO는 일을 하는 사람이 아니라 나눠주는 사람이다. CEO는 책임지는 사람이 아니라 책임을 나눠주는 사람이다. "내가 다 책임질게 하라는 대로 해!"라고 하는 것은 직원을 노예로 만드는 것이다. 책임을 나눠줄 때 주인의식이 생기고, 일이 고역이 아니라 재미와 놀이가 된다.

– 김형철(연세대 교수)

당연히 책임을 나눌 때 주인의식도 커질 것입니다. 내가 직접 해야만 하는 극소수의 일과 나눠줄 다수의 일을 정하는 것, 그리고 일반적인 책임은 나누지만 큰 책임은 스스로 지는 것, 바로 그런 것들이 최고경영자의 중요한 임무일 것입니다. 망각하지 말아야 할 사실은 '조직의 생사와 운명에 대한 책임, 그리고 모든 일에 대한 최종 책임은 리더가 감당해야 한다는 사실'입니다.

사장 자리라는 권력에 대한 불안감

최근 2, 3년 동안 내가 말한 사항들이 사내에서 8할은 통과되었다. 6할이 넘으면 원맨 경영의 폐해가 나타나는 위험신호라고 하는데 그렇다면 지금 혼다가 위험상태가 아닌가? 지금 상태에서 내가 계속 사장 자리에 있으면 우리 회사는 직선적으로밖에 성장하지 못한다. 그렇기 때문에 나는 퇴임을 결정했다.

– 가와시마(전 혼다 사장)

촌철활인 | 한 치의 혀로 사람을 살린다

일사불란하게 조직을 움직이는 것은 모든 경영자가 바라는 바일 것입니다. 그러나 그 누구도 전지전능할 수 없다는 점에서 중요한 결정을 독점하는 것은 결코 바람직스럽지 못합니다. 사장의 생각이 사내에서 8할이 반영되는 것과 업적 호조라는 현재의 성공이 장래 실패의 씨앗을 키우는 것이라 판단하여 퇴임을 결심한 데서 경영자의 참 정신이 느껴봅니다.

타인의 의사결정권을 빼앗는 것은 죄다

위임은 효과적인 의사결정을 할 수 있는 열쇠다. 리더는 아랫사람들에게 의사결정을 위임해야 하며, 결정을 윗사람에게 미루려는 아랫사람들의 자연스러운 성향을 거부해야 한다. 우리는 상호보완의 원칙을 따라야 하며, 다른 사람의 의사결정권리 혹은 그 능력을 빼앗는 것은 죄라는 사실을 알아야 한다.

– 윌리엄 폴라드(서비스마스터 전 회장), '크리스천 경영의 달인'에서

촌철활인 | 한 치의 혀로 사람을 살린다

너무 많은 결정을 내리는 리더는 그가 이끄는 사람들, 곧 그 결정을 실행해야 할 사람들을 제대로 관리하고 성장시킬 수 없습니다. 당장의 성과 창출도 중요하지만 제대로 의사결정하고 성과를 책임질 수 있는 사람들을 보다 많이 길러내는 것이 더욱 중요합니다. 타타코리아 김종식 사장은 75%라는 룰을 통해 모든 사안의 75%는 직원들이 스스로 의사결정 할 수 있도록 하는 원칙을 지켜가고 있다고 합니다.

어디까지 관리할 것인가

관리란 비둘기를 손으로 잡고 있는 것만큼이나 아슬아슬하다. 지나치게 꽉 잡으면 새는 죽을 것이고, 너무 살살 잡으면 새는 날아갈 것이다.

– 토미 라소다(Tommy Lasorda, 메이저리그 전 야구감독)

촌철활인 | 한 치의 혀로 사람을 살린다

맡길 것인가? 통제할 것인가? 모든 리더의 공통 고민거리입니다. 리더십, 특히 임파워먼트가 강조되다 보면 관리는 전혀 필요 없다고 생각하기 쉽습니다. 그러나 리더십도 중요하지만 적당한 관리 또한 중요합니다. 한편, 제 아무리 임파워시킨다 하더라도 현장의 진행 내용만은 확실하게 파악하고 있어야 한다는 사실을 유념해야 합니다.

리더는 연날리기의 고수다

권한위양은 연날리기와 같다. 부하직원의 능력이 약하면 연줄을 당겨야 하고, 부하직원의 능력이 강하면 연줄을 놓아야 한다. 뛰어난 리더는 연 만드는 기술자가 아닌, 연날리기의 고수가 되어야 한다.

– 린정다(林正大, 국제전략 전문가)

촌철활인 | 한 치의 혀로 사람을 살린다

구성원은 하늘을 나는 연과 같습니다. 그들이 얼마나 높이 날아가든 리더의 손에는 튼튼한 얼레가 있어서 모든 것은 리더의 손에서 통제됩니다. 뭐든지 그냥 무조건적으로 맡기는 것이 아니라, 과업의 중요도와 구성원의 능력을 고려해 적절하게 개입하고 풀어주는 노력을 끊임없이 계속해야 합니다.

위임할 수 있는 결정은
직접 하지 말라

리더라면 자고로 70:30 법칙을 지켜야 한다. 자기 시간의 30%는 실질적인 업무에 쏟되, 나머지 70%는 재충전이나 남들이 하지 않는 일에 투자해야 한다. 위임할 수 있는 결정은 직접 하지 말라.

— 스티븐 샘플(서던 캘리포니아대 총장), '위대한 CEO가 우리에게 남긴 말들'에서

촌철활인 | 한 치의 혀로 사람을 살린다

리더가 직접 일을 하면 그 누구보다도 더 잘할 수 있을 것입니다. 그러나 리더는 아랫사람이 잘 못하는 줄 알면서도, 가끔은 실패할 것을 알면서도 일을 맡길 줄 알아야 합니다. 그래야 본인은 더 큰 전략적 업무에 집중할 수 있고, 직원들을 키워 줄 수 있기 때문입니다.

하지 말아야 할 것을 아는 지혜

다른 사람이 당신을 위해 해 줄 수 있는 일을 결코 자신이 하지 말라. 다른 사람이 당신을 위해 해 줄 수 있는 일이 늘어날수록, 당신 외에는 그 누구도 할 수 없는 일에 당신이 쏟아 부을 수 있는 시간과 에너지도 늘어난다.

– E. W. 스크립스

촌철활인 | 한 치의 혀로 사람을 살린다

우리가 하는 모든 일에는 반드시 기회비용opportunity cost이 있기에 무엇을 하고 무엇을 하지 말지 신중하게 결정해야 합니다. 스크립스는 "하지 말아야 할 것을 아는 것이 해야 할 것을 아는 것보다 훨씬 더 중요하다. 하지 말아야 할 사항들을 모두 알게 된 사람은 반드시 해야 할 일을 할 수 밖에 없다."라고 그 방법을 알려주고 있습니다.

세종대왕의 용인술

착한 사람에게 일을 맡기면 처음엔 굼뜨고 실수도 하지만 갈수록 더욱 조심하여 책무를 완성한다. 하지만 유능하다고 알려진 자들은 처음에는 능숙하지만 결국 자기 개인적인 일을 구제하는 데 급급하다.

– 세종대왕, 한근태 저 '채용이 전부다'에서

촌철활인 | 한 치의 혀로 사람을 살린다

세종 때 황희, 맹사성을 포함한 우수한 인재들이 유독 많이 배출된 것은 세종의 탁월한 용인술 때문이라고 여겨집니다. 세종대왕은 사람을 쓰는 데 있어서 첫째, 마음이 착한가를 보았습니다.德勝才 둘째, 열정이 있는가를 보았습니다. 셋째, 단점은 덮고 장점을 보고 이를 최대한 발휘하게 했습니다. 넷째, 정실을 배제하고 역량 위주로 선발했습니다. 다섯째, 채용 못지않게 뽑은 인재를 유지하는 데 주력했고 일단 쓰면 끝까지 믿어주었습니다.

책임 불변의 원칙

권한위양을 빙자해 책임을 회피하는 것처럼 무책임한 것이 없다. 무책임한 권한위양은 조직의 질서를 혼란시키고 활력을 저하시킨다. 부하에게 지울 수 있는 책임은 한정된 직무상의 책임에 국한되며 일의 성사, 공과에 대한 책임은 당연히 책임자가 져야 한다. 그러나 명심해야 할 것은 권한을 위양 하여도 책임은 그대로 남는다는 책임불변(責任不變)의 원칙이다.

— 이병철(삼성 창업회장)

촌철활인 | 한 치의 혀로 사람을 살린다

권한은 위임하되, 책임은 리더가 져야 한다는 멋진 말씀입니다. 리더가 부하직원의 마음을 사는 데 이보다 좋은 특효약은 없을 것입니다.

작은 일을 너무 많이 챙기는 리더

나더러 작은 일을 너무 챙기려고 따진다고 한다. 그러나 작은 일을 할 줄 모르면 큰일도 할 줄 모르는 법이다. 큰일은 처음부터 충분히 준비를 하고 시작하기 때문에 오히려 실수가 없다. 그러나 작은 일은 준비도 없이 무작정 달려들기 일쑤고 그러다가 큰일을 그르치게 된다.

– 이병철(삼성 창업회장)

촌철활인 | 한 치의 혀로 사람을 살린다

사람들은 리더가 작은 일을 너무 챙기면 '쫀쫀하다'며 흉을 봅니다. 큰 그릇이 되기 위해 작은 것을 애써 무시하는 습관을 키우고자 노력했던 적도 있습니다. 직원들이 책임과 권한을 가지고 일 할 수 있도록 믿고 맡기는 것도 중요합니다. 그러나 모든 구성원이 작은 일을 꼼꼼히 챙길 수 있는 조직과 문화를 만들어가는 것도 그 못지않게 중요합니다. 큰 것은 작은 것의 합입니다.

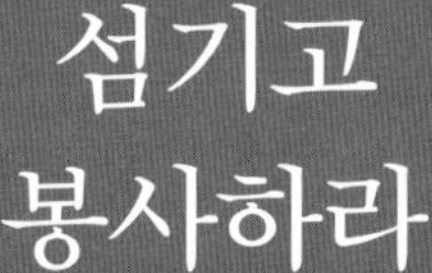

섬기고
봉사하라

리더가 부하보다 높을 때

위대한 리더는 책임을 질 때를 제외하고는 어떤 경우에도 그의 추종자들보다 자신을 더 높은 곳에 두지 않는다.

– 줄 오르몽(Jules Ormont)

촌철활인 | 한 치의 혀로 사람을 살린다

이제 지위를 무기로 해서 직원들을 이끌 때는 지났습니다. 리더는 부하직원들이 성장할 수 있도록 섬기는 역할, 책임은 리더 본인이 지는 자세, 그리고 솔선수범을 통해 직원들을 이끌어 가야합니다. 포춘Fortune 지가 매해 선정하는 '일하기 좋은 100대 기업' 중 1/3 이상이 위와 같은 서번트 리더십 개념을 도입하여 관리자 교육을 하고 있는 점을 눈여겨보아야겠습니다.

하인처럼 취급되는 팀원은 리더를 멸망시킨다

팀원들은 개발되고 후원되어야 할 자산이며 이상적으로 말하자면 승리와 성공을 위한 조직의 생산적이고 만족스런 구성원이어야 한다. 진정한 의미의 팀원은 리더를 지지하고 보호한다. 반면 하인처럼 취급되는 팀원은 리더를 멸망시킨다.

– 네이비 씰, '리더십의 비밀' 중

촌철활인 | 한 치의 혀로 사람을 살린다

리더의 목표는 팀원들이 스스로 동기부여 하면서 팀 전체의 이익을 위해 스스로 행동해 나가는 분위기를 만드는 것입니다. 모든 구성원을 공동 경영자Partner로 인정하는 것도 하나의 방법입니다. 리더와 다른 팀원들로부터 하인정도로 취급받는 팀원들은 장기적으로 사소한 존재로 전락하게 되어, 결국 자신뿐만 아니라 리더와 조직에 크게 해를 끼치게 됩니다.

관리직의 유일한 목적은

상사가 현장에 전화를 걸어 매출이 얼마나 되는지 등의 데이터를 달라고 하는지, 아니면 현장에서 '도와 달라, 지원해 달라'는 전화가 상사한테 오는지를 살펴보라. 만약 전자면 그 사람의 자리는 위험하다. 그 상사는 부하직원을 통제하려는 사람이다. 두 번째 사람이라면 안심해도 좋다. 관리직의 유일한 목적은 현장을 지원하고 게임에서 이길 수 있도록 제반 도움을 주는 것이다.

— 잭 웰치(GE 전 회장)

촌철활인 | 한 치의 혀로 사람을 살린다

높은 성과를 보이는 기업은 통제 대신 지원 분위기가 지배하는 조직입니다. 이런 조직의 구성원들은 '그들의 상관이 그들의 승리를 돕기 위해 존재한다는 믿음'을 가지고, 조직의 가치와 목적 달성에 헌신과 몰입으로 응답합니다.

여러분의 성공이 나의 성공의 척도

내가 여기 있는 이유는 여러분의 업무를 돕기 위해서입니다. 나는 여러분이 성공할 수 있도록 싸우고 방어하며, 모든 간섭을 배제할 것입니다. 왜냐하면 여러분이 성공해야 내가 성공하기 때문입니다.

– 레이 크록(맥도날드 창립자)

촌철활인 | 한 치의 혀로 사람을 살린다

한 기자가 레이 크록 사장에게 성공의 척도가 무엇이냐고 묻자, "많은 사람들이 성공의 척도를 얼마나 돈을 벌었느냐에 둡니다. 그러나 나는 얼마나 많은 사람들을 백만장자로 만들었느냐를 성공의 척도로 생각합니다."라고 답했답니다. 위 두 가지 언행에서 직원들의 성공이 결국 자기의 성공이라는 '수퍼 리더의 개념'을 확실히 이해한 경영자라는 것을 알 수 있습니다.

조직도 상 맨 밑에 있는 사장

만일 위대한 리더가 되고 싶다면 섬기는 리더가 되어야만 한다. 우리 회사 조직은 역 피라미드 구조로 되어있다. 내가 가장 밑바닥에 있는데, 그것은 내가 하는 일이 바로 섬기는 일이기 때문이다.

– 게리 헤빈(커브스 포 우먼 CEO)

촌철활인 | 한 치의 혀로 사람을 살린다

게리 헤빈은 섬기는 리더십으로 전 세계적으로 세 번째로 빠르게 성장한 프렌차이즈 업체를 일궈냈습니다. 교만과 무시의 덫에서 벗어나 '위대함을 달성하기 위해서', 그는 구성원에게서 듣고, 배우는 것은 물론, 그들이 성장하고 일을 잘할 수 있도록 섬기고 봉사하는 리더의 역할을 다했습니다.

서비스라는 단어의 어원

Service라는 단어의 어원은 하인(Servant)이다. 오늘날 비즈니스를 하는 사람들은 모두가 스스로를 그렇게 생각해야 한다. 따라서 항상 겸손하고, 신중하며 주인(고객)의 니즈를 예측할 수 있어야 한다. 당신은 하인으로서 주인(고객)의 신임을 얻어내야만 한다. 그렇지 않으면, 당신이 그들을 소유한다는 것은 영원히 불가능할 것이다.

— 밥 데이비스(라이코스 창업회장)

촌철활인 | 한 치의 혀로 사람을 살린다

일반 직원은 물론이고, 특히 경영진은 고객을 주인으로 섬기는 것뿐만 아니라 직원, 지역사회, 주주 등 모든 이해관계자를 주인으로 섬기는 하인의 역할을 충실히 수행해내야 합니다. 혹시라도 내가 주인이고 다른 모든 이해관계자가 나를 위해 존재한다고 생각한다면, 그 순간 이미 끝이라고 할 수 있습니다. 결국 경영자란 섬겨야 할 대상이 가장 많은 지위를 말한다 하겠습니다.

리더가 된다는 것은 봉사자가 되는 것

리더가 되기로 선택했을 때 우리는 다른 사람들을 위해 봉사하기로 선택한 것이다. 리더가 된다는 것은 다른 사람들로부터 무언가를 얻는 것이 아니라 다른 사람들이 우리들로부터 무언가를 얻는 것이다.

– 제임스 M. 쿠제스 & 베리 Z. 포스너

촌철활인 | 한 치의 혀로 사람을 살린다

사람들이 리더를 기억하는 것은 그가 그 자신을 위해 한 일 때문이 아니라 다른 사람들을 위해 한 일 때문입니다. 리더의 지위가 올라갈수록 커지는 것은 권한이 아니라 책임감이라는 것을 제대로 인식하는 것, 그것 하나만으로도 당신의 리더십은 크게 신장될 수 있습니다.

누구나 갈 수 있는 성공의 길

누군가를 마음 깊이 섬길 수 있다면 그 사람은 이미 성공의 길로 접어든 것이다. 누구나 위대한 사람이 될 수 있다. 모두가 봉사를 할 수는 있기 때문이다. 봉사는 대학 학위를 필요로 하지 않는다.

— '존 맥스웰의 성공이야기'에서

촌철활인 | 한 치의 혀로 사람을 살린다

다른 사람을 섬기는 삶은 학력과 관련이 없습니다. 남을 섬기는 데에는 사랑으로 가득한 마음만이 필요합니다. 성공의 비법은 먼저 주고, 나중에 받는 것입니다. Take & Give가 아닌, Give & Take를 실천해야 합니다.

리더의 권위
봉사와 희생에서 비롯한다

우리가 노력으로 성취해야 할 리더십은 영향력과 권위에 바탕을 둔다. 권위란 우리가 리드하는 이들을 향한 봉사와 희생에 바탕을 두며, 그들의 당면한 욕구를 규명하고 충족시킴으로써 얻어지는 것이다. 그렇다면 봉사와 희생은 도대체 무엇에 근거하는 것일까? 그것은 노력이다.

– 제임스 C 헌터, '서번트 리더십'에서

촌철활인 | 한 치의 혀로 사람을 살린다

봉사와 희생 없이는 권력을 권위로 치환할 수 없습니다. 물론 권력으로 억눌러서 부하직원들을 이끌 수도 있겠지만, 따르는 시늉만 내게 할 뿐 진정으로 따르게 할 수는 없습니다. 봉사와 희생으로 획득한 권위만이 부하직원들을 진정으로 마음속으로부터 따르게 할 수 있습니다.

리더가 되고자 하는 사람은

너희 중에 리더가 되고자 하는 사람은 먼저 봉사자가 되어라. 남을 이끌려면 봉사하는 법부터 깨우쳐야 하느니.

– 예수 그리스도, '마태복음'에서

촌철활인 | 한 치의 혀로 사람을 살린다

"타인에게 봉사한다면 누구든 위대해질 수 있습니다. 봉사에는 대학 졸업장이 필요치 않습니다. 봉사하기 위해 주어와 동사의 일치를 고민할 필요는 없습니다. 봉사하기 위해 물리학의 열역학 두 번째 이론을 알아야 할 필요는 없습니다. 오직 필요한 것은 자비로 충만한 가슴뿐입니다. 사랑으로 가득한 영혼 말입니다." 마틴 루터 킹 목사의 말씀입니다.

진정한 영웅이란

진정한 영웅은 수단과 방법을 가리지 않고서라도 다른 모든 이들을 능가하려는 것이 아니라 어떤 희생을 치르더라도 다른 사람에게 봉사하려는 모습을 갖는다.

— 리더스 다이제스트

촌철활인 | 한 치의 혀로 사람을 살린다

리더십이란 '타인에게 바림직한 영향력을 행사하여 의도하는 바를 이루는 과정'입니다. 오늘날 지위를 과시하고 권력을 행사한다 해서 바람직한 영향력이 생기지는 않습니다. 오히려 봉사와 책임, 올바른 인격과 품성, 솔선수범과 언행일치 등 (권리보다는) 의무를 다함으로써 신뢰에서 비롯된 영향력을 얻을 수 있습니다.

경영자는 누굴 위해 봉사하나

경영자는 주주와 고객과 종업원의 만족과 이익을 위해 봉사한다. 그러나 그 역은 성립하지 않는다.

– 칼리 피오리나(HP CEO)

촌철활인 | 한 치의 혀로 사람을 살린다

기업의 발전을 위해서는 고객, 종업원, 주주, 지역사회로부터 신뢰를 받아야 합니다. 신뢰의 기초는 경영자의 봉사와 이타정신에 근거합니다. 이는 기업의 이익 추구를 포기하라는 것이 아니라, 기업의 관심사가 아니라고 치부되었던 과제를 경영자가 책임지고 다뤄야 한다는 것을 말합니다.

경영자의 고객은 직원이다

경영자에게 고객은 외부에 있는 고객이 아니라, 바로 직원이다. 기업을 경영하는 CEO가 소비자를 만나 물건을 팔고, 기술을 개발할 필요는 없다. 리더는 단지 배의 선장과 같이 가야 할 방향을 정해주고, 조직이 항로대로 제대로 갈 수 있도록 독려해 주면 되는 것이다. 따라서 리더가 가장 주시해야 할 상대는 외부에 있는 고객이 아니라 바로 직원이다.

– 이희열, '우리는 지금 감성회사로 간다'에서

촌철활인 | 한 치의 혀로 사람을 살린다

직원을 고객이라고 설정하면 고객을 대하는 것처럼 직원을 향한 서비스 정신이 우러나게 됩니다. 직원들이 무엇을 하고 싶어 하는지, 무엇을 필요로 하는지, 회사가 어떻게 해주면 되는지를 고민하게 됩니다. 경영자는 직원을 섬기고 직원은 고객을 섬기는 선순환 구조를 만들어 가는 것이 행복한 경영의 핵심입니다.

종업원을 섬기는 리더

직원들이 고객을 대하는 방식은 경영자가 직원들을 대하는 방식과 똑같다. 직원이 고객을 잘 대하면 고객은 다시 찾아올 것이고, 바로 이것이 사업 수익의 진정한 원천이다. 그래서 우리는 직원(employee)라는 용어 대신 동료(associate)라는 단어를 사용한다.

— 샘 월튼(월마트 창업회장)

촌철활인 | 한 치의 혀로 사람을 살린다

직장생활은 개인의 삶의 대부분을 차지합니다. 그 구성원의 삶이 행복하지 않다면 도대체 기업은 뭘 하는 곳일까요? 소속된 구성원들이 불행한 상태에서 고객을 행복하게 할 수 있을까요? 구성원의 행복 추구가 경영의 최우선 과제가 되어야 합니다.

부하직원의 마음을 사는 방법

남을 너그럽게 받아들이는 사람은 항상 사람들의 마음을 얻게 되고, 위엄과 무력으로 엄하게 다스리는 자는 항상 사람들의 노여움을 사게 된다.

– 세종대왕

촌철활인 | 한 치의 혀로 사람을 살린다

공자 왈 '군지시신여수족君之視臣如手足이면, 즉신시군여복심則臣視君如腹心'이라했습니다. 임금이 신하를 대할 때 내 몸의 손과 발처럼 중요하게 여긴다면, 신하는 임금을 자신의 배와 심장처럼 소중하게 여길 것이라는 말씀입니다. '어떻게 하면 존경받을 수 있을까'를 고민하기 전에, 겸손한 자세를 가지고 부하 직원들을 진심으로 대하며 그들을 이해하고 배려하는 태도를 먼저 보여야 합니다.

감사해야 할 사람은 바로 접니다

직원들을 만날 때마다 저 때문에 부자가 되었다고 감사하고들 하시는데, 전 그렇게 생각지 않습니다. 저야말로 여러분 덕분에 부자가 된 사람입니다. 따라서 감사해야 할 사람은 여러분이 아니고 바로 접니다. 제게 있어 여러분은 타 기업이 흉내 낼 수 없는 경쟁력이요, 회사의 얼굴입니다.

— 하워드 슐츠(회장), '스타벅스 100호점의 숨겨진 비밀'에서

촌철활인 | 한 치의 혀로 사람을 살린다

이와 같은 인간존중 정신에 기초하여 스타벅스에서는 종업원을 직원Employee이 아닌, 파트너Partner라 부릅니다. 그 결과는 파트너의 감동과 열정, 헌신과 몰입, 그리고 탁월한 성과로 나타나고 있습니다. 성공치사를 하는 것이 그리 어려운 일이 아닐 텐데, 성공은 자신의 공으로, 실패는 직원을 포함한 외부 환경 탓으로 돌리는 경영자가 많은 것이 안타까운 사실입니다.

사랑은 두려움보다 나은 자극제이다

사람들이 우리의 목표를 지원하도록 만드는 최선의 방법은 그들을 인간적으로 대하고 존중하는 것이다. 특히 아랫사람들을 대할 때 이런 자세가 필요하다. '사랑은 두려움보다 나은 자극제'라고 말하겠다.

– 레벤 마크(콜게이트 파몰리브 회장)

촌철활인 | 한 치의 혀로 사람을 살린다

항상 사람들을 존중하고 존경하는 마음으로 대하는 것, 이것은 올바른 행동일 뿐 아니라 회사를 위해 반드시 필요한 인재를 불러오고 유지할 수 있는 방법입니다. 공자는 "가까운 사람을 즐겁게 해주는 것이 먼 곳에 흩어져 있는 인재를 불러 모으는 비결"이라고 가르칩니다.

권위주의와 거리감

권위주의적인 조직일수록 구성원과 관리자와의 관계, 임원과의 관계, 그리고 최고경영자와의 관계에서 직급이 한 단계씩 멀어질 때마다 심리적 거리감은 제곱으로 커져 직급 간에는 두터운 벽이 존재하게 된다. 구성원들은 탁월한 재능과 능력이 있음에도 불구하고 심리적 거리감 때문에 자신의 의견을 제대로 말할 수 없어 자연스럽게 위축된다.

– 켈의 법칙(Kel's Law)

촌철활인 | 한 치의 혀로 사람을 살린다

잭 웰치는 "관료주의를 혐오한다."라는 말로 기업 경영, 특히 혁신에 있어 관료주의와 대기업병을 타파해야 할 제 1의 요소임을 강조하곤 했습니다. 경영자는 혹시 기업 내에 관료주의 싹이 자라는지 늘 눈을 부릅뜨고 살펴보아야 합니다.

개방적 피드백을 받을 수 있는 리더

늘 조언을 받으면서도 변화하지 못하는 리더도 있다. 이는 지지를 얻지 못하는 데 따르는 두려움이나 상대방의 비난, 적대감이 두려워서다. 하지만 이래서는 직원들이 보스에게 충언할 수 없다. 실제로 지난 20여 년간 조사했던 수백 명의 관리자 중 70%가 보스의 일이 실패하리라는 것을 알면서도 피드백이나 충고를 하지 못한 것으로 밝혀졌다.

– '적은 것이 많은 것이다'에서

촌철활인 | 한 치의 혀로 사람을 살린다

리더가 부하 직원에게 애정을 가지고 격의 없이 대한다고 해도, 직원들은 상사의 허물이나 예상되는 실수를 지적하는 것을 꺼리는 것이 인지상정입니다. 하물며 리더가 권위적이거나 부하 직원에게 엄하게만 대한다면, 리더는 직원들의 도움을 받지 못하게 되고, 결국 그만큼 실패의 가능성은 커집니다.

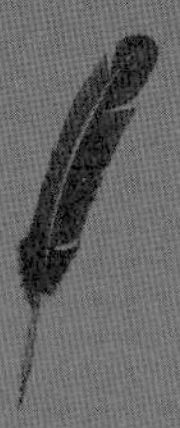

모든 구성원을
리더로 키워라

리더는 혼자 너무 앞서가면 안 된다

훌륭한 리더는 혼자서 너무 앞서가면 안 된다. 때때로 뒤를 돌아보고 다른 사람들이 잘 따라오고 있는지 살펴야 한다.

– 프랭클린 루스벨트(미국 전 대통령)

촌철활인 | 한 치의 혀로 사람을 살린다

자신의 목적이나 사업에 너무 몰두한 나머지, 구성원에게 자신의 열정을 알리고 이해시키는 데에는 미처 신경을 쓰지 못하는 리더가 많습니다. 그러나 구성원들이 실행의 실질적 주체이기에 리더의 비전이 구성원 개개인의 꿈과 비전이 될 때까지 멈추지 않고 꿈을 팔 수 있어야 합니다.

위대한 리더는 가슴에 불을 지른다

보통 교사는 지껄인다. 좋은 교사는 잘 가르친다. 훌륭한 교사는 스스로 해 보인다. 위대한 교사는 가슴에 불을 지른다.

― 앨프리드 화이트헤드(영국의 철학자이자 수학자)

촌철활인 | 한 치의 혀로 사람을 살린다

리더의 역할 중 빼놓을 수 없는 것이 새로운 리더를 육성하는 것입니다. 따라서 모든 리더는 스승이라 할 수 있습니다. 원문에서 '교사'를 '리더'로 바꿔도 그 의미가 그대로 살아남음을 알 수 있습니다. '보통 리더는 지껄인다. 좋은 리더는 잘 가르친다. 훌륭한 리더는 스스로 해 보인다. 위대한 리더는 가슴에 불을 지른다.'

리더의 역할 – 더 많은 리더 만들기

가장 많은 학생을 가르치기보다는 가장 많은 스승을 키우는 사람이 진정한 스승이다. 가장 많은 추종자를 거느리기보다는 가장 많은 리더를 키우는 사람이 진정한 리더이다.

– 닐 도널드 월시

촌철활인 | 한 치의 혀로 사람을 살린다

리더십의 시작은 인격과 성품을 배양하는 것이고, 리더십의 끝은 더 많은 리더를 만드는 일이라고 생각합니다. 랄프 네이더는 "나는 리더의 역할이 더 많은 추종자(팔로워)를 만드는 것이 아니라, 더 많은 리더를 만드는 데 있다는 가정에서 출발한다."라고 말합니다.

상사의 업적은 부하의 능력을 통해 달성된다

훌륭한 리더는 최소한 3년 이내에 자기보다 3배의 성과를 높일 수 있는 사람을 3명 이상 육성해야 할 책임이 있다. 상사의 업적은 부하들의 능력을 통해 달성된다.

– 코오디너(GM 전 회장)

촌철활인 | 한 치의 혀로 사람을 살린다

리더십은 결국 '탁월한 성과 창출'로 귀결됩니다. 이 논리를 확대해 보면, '조직원 모두가 리더가 되는 조직이 최상의 성과를 창출하게 된다.'는 결론을 얻게 됩니다. 따라서 '부하들을 위대한 리더로 육성하는 것'이야말로 리더의 제1 과제라 할 수 있습니다.

돈을 남기면 하수,
사람을 남기면 고수

"사장님은 언제 가장 즐거우신가요?" 미디어 인터뷰를 하다 보면 이런 질문을 많이 받는다. 그때마다 내 답은 정해져 있다. "일할 때가 제일 즐겁습니다. 일이 제 취미이자 삶의 보람이지요." "무슨 일을 하시는데요?" "인재를 키웁니다."

— 아키모토 히사오(헤이세이건설 사장), '사표를 내지 않는 회사'에서

촌철활인 | 한 치의 혀로 사람을 살린다

"돈을 남기면 하수, 업적을 남기면 중수, 사람을 남기면 고수다." 일본 근대 정치가인 고토 신페이가 남긴 말입니다. 헤이세이건설의 아키모토 히사오 사장은 "건설이나 경영이 아닌, 인재를 키우는 것이 내 삶의 보람이며, 그것이 내가 할 일이며, 앞으로의 과제다."라고 말합니다.

경영자의 첫 번째 임무

경영자들은 (구성원의)평생 학습과 평생 재충전을 경영자들의 첫 번째 임무라 생각하고, 'Chief Executive Officer'를 뜻하는 CEO가 아닌 'Chief Education Officer'로서의 CEO가 되어야 합니다.

– 문국현(유한킴벌리 전 사장)

촌철활인 | 한 치의 혀로 사람을 살린다

문국현 전 사장은 평생학습을 통해, 모든 육체노동자를 지식근로자로 만드는 것을 '인간존중 경영의 핵심요건'으로 규정하고 있습니다. 사장은 근로자의 '경험관리/확충자'라는 개념도 같은 맥락에서 이해할 수 있습니다.

리더는 직원들의 꿈 관리자다

경영이란 일에 대해 자원을 효율적으로 배분하는 일이며, 리더십은 사람에게 초점을 맞추어 사람들이 성공할 수 있도록 도와주는 것이다. 리더는 고객에게 봉사하는 사람이면서 동시에 일이 성공적으로 완수되도록 하는 사람이다. 이를 위해 리더는 부하들이 스스로 꿈을 이루도록 도와주는 '꿈 관리자'가 되어야 한다.

– 캐롤 바츠 & 매튜 켈리(야후 CEO)

촌철활인 | 한 치의 혀로 사람을 살린다

리더의 성장은 부하가 성장할 때만 가능합니다. 리더의 성공은 부하가 성공할 때만 가능합니다. 최고의 조직이 되려면, 조직을 끌고 가는 각 개인이 최고가 되어야 합니다. 따라서 위대한 리더의 첫 번째 임무는 개개인의 관심사에 대해 생각하는 것이며 개인의 성공을 이끌기 위해 노력하는, 직원의 '꿈 도우미'가 되는 것입니다.

후계자를 키우지 않으면
승진이 불가능하다

군대에서 한 사람의 미래는 보통 더 높은 계급으로 올라가도록 그가 키우는 사람의 수로 결정된다. 기업 세계에서도 마찬가지다. 다른 사람을 키우는 능력이 앞서나가는 길이다. 당신이 지금 하는 일에 대해 아무도 모른다면 당신은 결코 승진할 수 없다. 대부분의 경우 승진은 위에서 끌어올리기보다는 밑에서 치고 올라오기 때문에 이루어진다.

– 지그 지글러, '정상을 넘어서'에서

촌철활인 | 한 치의 혀로 사람을 살린다

앞서나가는 가장 좋은 방법은 아랫사람들에게 앞서나가는 방법을 가르치는 것입니다. 밑에 있는 사람을 격려하고, 키우고, 훈련시켜서 그들이 승진할 수 있도록 도와준다면, 그 결과 '나'도 승진하게 되는 것입니다. 내 역할을 대신할 수 있는 사람들이 많아져야만 나에게 더 큰일이 주어지기 때문입니다.

A⁺ 평가를 받는 방법

진정으로 훌륭한 지도자는 부하 직원의 성공이 자신의 성공임을 아는 사람이다. 부하직원들이 A를 받도록 힘써라. 그러면 상사인 본인은 A⁺를 받을 수 있다. 부하직원을 성공시키는 임원(팀장)이라는 명성을 구축하라.

– 이성용(베인 & 컴퍼니 대표), '한국의 임원들'에서

촌철활인 | 한 치의 혀로 사람을 살린다

잭 웰치는 "좋은 상사란 친구요, 스승이요, 코치이며 동맹군이자 영감의 원천"이라고 말한 바 있습니다. 좋은 부하직원이 되기 위해 노력이 필요한 것처럼 좋은 상사가 되기 위한 노력도 마찬가지로 필요합니다. 좋은 상사가 되기 위한 제1원칙은 직원들의 성공을 돕는 사람이 되어야 한다는 것입니다.

선생님이 됩시다

여러분 중 리더인 사람들에게 조언하겠는데, 앞으로 직업이 무엇이냐는 질문을 받으면 선생이라고 답하라. 명함에도 그렇게 적어 넣고 항상 명심하라. 하지만 분명히 말하건대, 스스로를 선생이라고 말하는 것만으로는 부족하다. 가르치는 방법도 잘 알아야만 한다.

– 존 우든, '우든의 리더십'에서

촌철활인 | 한 치의 혀로 사람을 살린다

가르칠 때 가장 많이 배운다고 합니다. 리더가 배움을 멈추면 그 순간 리더로서 자격이 정지됩니다. 그러나 거기서 그쳐서는 안 되고, 이를 팀원들에게 가르쳐야 합니다. 여기에는 단순히 기술적 지식뿐만 아니라 리더 자신의 가치관, 원칙, 일을 처리하는 방식도 포함되어야 합니다.

인재는 100년을 내다보고 키워야 한다

'수인백년(樹人百年) 수목오십년(樹木五十年)' 인재를 키우는 것은 나무를 심고 가꾸는 일과 같다. 나무는 50년을 보고 심지만, 인재는 100년을 내다보고 키워야 한다. 내가 '인재의 숲'을 만들고자 했을 때 투자 기간이 너무 길다고 반대가 많았다. 하지만, 나라를 사랑하는 사람이 나무를 심는 것이다. 인재의 숲을 거닐며 기업의 뿌리는 사람에 있음을 기억하라.

– 최종현(SK 전 회장)

촌철활인 | 한 치의 혀로 사람을 살린다

故 최종현 회장은 사재를 털어 장학재단을 설립하고, 그 장학금 마련을 위해 충주 인등산에 조림을 했습니다. 30년이 지난 지금 인재의 숲은 330만 그루로 울창해졌습니다. 그렇습니다. 기업과 국가의 미래는 사람에 달려있습니다. 먼 미래를 내다보는 장기적 안목을 갖고 주위의 시선에 아랑곳하지 않고 뚝심과 끈기로 사람을 키우는 사람들에 의해 희망찬 미래가 만들어집니다.

어떤 조직이 가장 강한 조직인가

알렉산더 대왕의 아버지 필립왕은 "한 마리 사슴이 이끄는 사자들의 군대보다 한 마리 사자가 이끄는 사슴들의 군대가 더 위협적이다."라고 말했다. 맞는 말일 것이다. 그러나 필립왕은 그보다 더 중요한 한 가지 사실을 간과했다. '한 마리 사자가 이끄는 사자들의 군대'가 가장 위협적이다.

– 'CEO도 반하는 평사원 리더'에서

촌철활인 | 한 치의 혀로 사람을 살린다

"장군 한 명이 무능하면 천 명의 군사가 죽는다."라는 말이 있습니다. 리더가 누구냐에 따라 조직이 살기도 하고 죽기도 합니다. 그만큼 리더와 리더십은 중요합니다. 그러나 가장 강한 조직은 한 사람의 리더가 아닌, 조직원 모두가 사자처럼 강인한 리더의 역할을 수행할 수 있도록 키워가는 조직입니다.

모두가 리더 되는 조직 만들기

부하직원을 리더로 키워주는 상사가 많아야 조직이 발전한다. 자율성이 보장된 집단이 그렇지 않는 집단보다 생산성이 4배나 더 높다는 게 실험을 통해 밝혀졌다. 전 직원이 리더처럼 행동해야 기업의 성과가 향상된다.

— 배리 포스너(미국 산타클라라대 경영대학원 학장)

촌철활인 | 한 치의 혀로 사람을 살린다

리더의 정의 중 빼놓을 수 없는 것이 성과 창출입니다. 직원 모두를 리더로 만들면, 그들 모두가 각각 탁월한 성과를 창출하게 되어 당연히 조직 전체의 성과는 극대화됩니다. 다행히 지위와 관계없이, 그리고 타고난 능력에 관계없이, 리더십의 기본 원리만 배워서 꾸준히 실천하면 누구나 리더가 될 수 있습니다.

리더십 기술을 가르치는 리더

인텔에서는 회장부터 일선관리자에 이르기까지 모든 지도자가 자기 업무의 일환으로 리더십을 가르쳐야 한다. 관리자의 경우, 다른 사람들에게 리더십 기술을 가르치는데 얼마나 적극적으로 참여하느냐에 따라 보너스 액수가 달라진다.

– '리더십 앙상블'에서

촌철활인 | 한 치의 혀로 사람을 살린다

수많은 조직이 곤경에 처하는 이유는 그룹의 요구를 모두 만족시킬 수 없는, 한 사람의 리더에 의존하기 때문입니다(뉴욕대 Bill Starbuck 교수). 리더십을 공유하는 조직에서는 1. 주인의식 고취와 참여 제고로 성과향상, 2. 기회활용과 문제 해결 방식의 다양화, 3. 직원들의 열정과 에너지, 업무집중도가 향상됩니다.

생활의 매 순간이 교육의 순간이다

부모의 행동은 아이에게 큰 영향을 준다. 아이와 대화를 나누며 지도했다고 해서 아이를 교육시켰다고 착각하지 마라. 생활의 매 순간, 심지어 부모가 집에 있지 않을 때도 아이는 교육을 받고 있어 부모가 어떤 옷을 입고 어떤 식으로 말하여 즐거움과 불쾌함을 표현하고 친구와 원수를 어떻게 대하는지 또 어떻게 웃고 어떤 책을 읽는지가 모두 아이에게 교육적으로 큰 의미가 있다.

— 비고스키(러시아 교육자)

촌철활인 | 한 치의 혀로 사람을 살린다

물론 전문가로서의 부모 역할에 대한 학습이 필요합니다. 그러나 부모로서 자녀에게 해 줄 수 있는 가장 좋은 교육방법은 자녀에게 모범을 보이는 것입니다. 배우는 것은 흉내 내는 것에서 시작합니다. 자녀는 부모의 거울이며, 부모의 뒷모습을 보고 자라납니다. 리더십도 마찬가지입니다.

가르친다는 것은
다시 배우는 것과 같다

모든 리더는 '직업이 선생'이라고 말할 수 있어야 한다. 얼마나 잘 가르칠 수 있느냐는 그가 얼마나 잘 배울 수 있느냐에 달려있다. 가르친다는 것은 중요한 것을 전부 알고 난 다음에 (가르치면서) 다시 배우는 것이다.

— 존 우든

촌철활인 | 한 치의 혀로 사람을 살린다

가르치는 일과 배우는 일이 서로 도와서 자기의 능력을 증진시킨다는 동양의 교학상장教學相長 지혜와 일맥상통합니다. 잘 가르치기 위해서 끝없이 배우고 연구해야 하는 자리, 가르치는 과정 속에서 또 배우는 자리가 바로 리더의 자리입니다.

눈치채지 못하게 가르쳐라

배움은 아는 것을 찾아내는 것이다. 행함은 아는 것을 증명하는 것이다. 가르침은 다른 사람들에게 그들도 당신만큼 잘 알고 있음을 알려주는 것이다.

– 리처드 바크

촌철활인 | 한 치의 혀로 사람을 살린다

알렉산더 포프는 "사람을 가르칠 때는 그 사람이 눈치채지 못하게 가르치고, 새로운 일을 제안할 때는 잊어버렸던 것이 생겨난 듯이 말하라."라고 했습니다. 사람들은 누구나 남에게 가르침을 당한다는 것을 꺼려합니다. 스스로 알게 된 것처럼 생각할 수 있도록 해주는 조그마한 배려가 결국에는 혼자 일어설 수 있게 하는 자양분이 됩니다.

물고기 잡는 법을 가르치는 것보다 중요한 것

그동안 나는 노자에 나오는 "사람에게 물고기를 주는 것은 그에게 물고기 잡는 방법을 가르쳐주는 것만 못하니라(授人以魚, 不如授人以漁)"라는 말씀의 신봉자였다. 그러나 최근에 경험을 통해 사람에게 물고기 잡는 방법을 가르쳐주는 것은 굶겨서 바닷가로 보내는 것만 못하다는 것을 깨달았다.

– 조동성(서울대 교수)

촌철활인 | 한 치의 혀로 사람을 살린다

물론 물고기 잡는 법을 가르쳐 주는 것이 물고기를 잡아서 건네주는 것보다는 훨씬 더 바람직합니다. 그러나 물고기 잡는 법보다 중요한 것은 스스로 꿈과 목적, 의미를 찾을 수 있도록 도와주는 것, 더 나가서는 그러한 것을 간절하게 원할 수 있도록 하는 상태, 즉 헝그리 정신을 심어주는 것이 더욱 훌륭한 교육 방법이라 할 수 있습니다.

위대한 조련사의 조건

말이 어떤 일을 하게 하는 조련사는 위대한 조련사가 아니다. 위대한 조련사는 말이 어떤 일을 하고 싶어 하게 만든다.

– 만티 로버트(영국 엘리자베스 여왕의 말 조련사)

촌철활인 | 한 치의 혀로 사람을 살린다

공자는 "아는 것은 좋아하는 것만 못하며, 좋아하는 것은 즐기는 것만 못하다知之者不如好之者 好之者 不如樂之者"라고 말했습니다. 지금까지는 어떻게 해서 우리 직원들이 일을 잘하게 할까를 주로 고민했는데, 이제는 우리 직원들이 일을 즐길 수 있도록 하기 위해서는 어떻게 해야 하나? 하는 데 경영의 초점을 두어야 할 거 같습니다.

당신은 위대한 사람입니다

위대한 그룹을 만들기 위해 리더가 할 수 있는 최선의 일은 각각의 구성원들이 스스로의 위대함에 눈뜨게 하는 것이다.

– 워렌 베니스

촌철활인 | 한 치의 혀로 사람을 살린다

스스로 위대하다고 느끼는 사람은 그렇지 않은 사람에 비해 월등한 성과를 만들어냅니다. 진정한 관심과 존중, 강점에 대한 적극적 칭찬, 완전한 정보 공개, 권한위양을 넘은 책임감과 오너의식 부여, 높은 기대 표출과 같은 노력들이 오랫동안 쌓이면 사람들은 자신의 위대함을 깨닫게 됩니다. 리더는 구성원의 장점을 찾아내고 이를 알리는 데 귀신같은 사람이 되어야 합니다.

너무 많은 도움을 주지 않기

나는 자식들에게 지나치게 많은 도움을 주지 않기 위해 조심했다. 왜냐하면 자신의 힘으로 성공을 쟁취하는 권리를 아이들에게서 빼앗고 싶지 않았기 때문이다. 누구든 지나치게 많은 도움을 받으면 결국 제대로 성장하지 못하고 스스로 독립하는 방법을 배우지 못하게 되는 법이다.

– 찰스 매튜슨(ICT 회장)

촌철활인 | 한 치의 혀로 사람을 살린다

자식을 사랑한다면 많은 재물을 주는 대신 역경을 선물할 수 있어야 합니다. 현명한 부자들은 자식에게 유산을 많이 남기는 것은 독약을 주는 것과 같다고 말합니다. 세계 1위 갑부인 빌 게이츠와 워렌 버핏은 1%의 재산만 자식에게 남기겠다고 공언합니다.

피드백과 피드포워드

피드백은 메시지를 분명히 전달하고 이해했는지를 확인하는 훌륭한 방법이다. 그러나 '상황이 일어난 후'에 이뤄진다는 단점이 있다. 미래의 성공 가능성을 높이기 위해 '상황이 일어나기 전', 즉, 사람들이 어떤 일에 착수하기 전에 성공에 필요한 정보를 미리 제공하는 피드포워드(feedforward)가 필요하다.

– 'CEO도 반하는 평사원 리더'에서

촌철활인 | 한 치의 혀로 사람을 살린다

피드백은 이미 일어난 일을 평가하는 반면, 피드포워드는 성취해야 하는 내용의 기대치를 명확히 합니다. 피드백은 교정을 위한 것인 반면, 피드포워드는 커뮤니케이션이 제대로 됐는지 알 수 있을 때까지 기다리지 않고 발생 가능한 문제를 미리 예방할 방법을 알려줍니다. 저성과의 80%는 커뮤니케이션에 원인이 있다고 합니다. 훌륭한 리더는 피드백과 피드포워드를 적절히 활용합니다.

질문으로 이끌어라

질문을 받으면 우리는 고민을 하면서 변화가 필요하고 또 가능하다는 결론에 이른다. 이런 결론은 마침 섬광처럼 순식간에 이뤄진다. 이것이 깨달음, 즉 '통찰'의 순간이다. 반면 바뀌어야 한다는 명령을 들으면 그 명령이 아무리 논리적일지라도 뇌가 거부 반응을 일으킨다.

― 데이비드 락 & 제프리 슈워츠, 리더십을 신경과학적으로 풀이한 연구결과

촌철활인 | 한 치의 혀로 사람을 살린다

중요한 것은 명령을 내리는 것이 아니라, 직원들이 행동하게 만들어 원하는 결과를 얻는 것입니다. 정답을 제시하는 것이 아닌, '왜?' 혹은 '이렇게 하면 어떨까?'와 같은 질문을 통해 사람들이 스스로 생각하고 발견한 나름의 답에 따라 행동하도록 유도하는 것, 이것이 한 차원 높은 리더십의 모습입니다.

좋은 질문 나쁜 질문

위대한 질문은 이타적이다. 질문자가 얼마나 똑똑한지 뽐내기 위한 질문이 아니다. 위대한 질문은 대개 상대방에게 유익하고 지혜로우며 대답하기도 힘들다. 또 겸손하고 나눔의 정신을 토대로 한다. 엄청난 고민과 배움으로 이어지는 질문이 바로 위대한 질문이다.

– 마이클 마쿼트

촌철활인 | 한 치의 혀로 사람을 살린다

질문을 주고받는 것이 성공의 비결이라는 연구결과는 많습니다. 그런데도 질문을 싫어하는 리더들이 많습니다. 모든 질문이 항상 좋은 것은 물론 아닙니다. 퍼스트 다이렉트 은행 CEO 마이크 해리슨은 "왜 목표를 달성하지 못했나?" "뭐가 문제야?" "누구 잘못이야?"라는 질문들이야말로 리더의 입에서 나올 수 있는 가장 파괴적인 질문이라고 말합니다.

좋은 질문이 훌륭한 인재를 만든다

한국에서는 아이가 집에 돌아오면 "오늘 뭐 배웠니?"라고 하지만 유대인은 "무슨 질문했니?"라고 묻는다. 나쁜 대답은 있을 수 있지만 나쁜 질문은 있을 수 없다. 가장 좋은 학생은 가장 좋은 질문을 하는 학생이다.

– 마빈 토케이어(유대교 랍비)

촌철활인 | 한 치의 혀로 사람을 살린다

전 세계 인구의 0.2%에 해당하는 유태인이 노벨상 수상자의 30%를 차지하고 있다고 합니다. 전 세계에서 가장 우수한 자질을 가진 것으로 이야기되는 우리민족이 유태인처럼 세상을 선도하는 리더가 되기 위해서는 1)질문을 통해 배우는 문화 2)학력學歷보다 학력學力을 중시하는 사회 3)뭐가 달라도 남과 다르게 하는 창의성 등이 우리의 핵심 유전자로 자리 잡아야 한다고 늘 생각하고 있습니다.

직원들을 불안정하게 만들기

직원들을 끊임없이 불안정하게 만드는 게 최고경영자의 역할이다. 직원들이 산꼭대기에 올라가게 힘을 실어주고, 정상에 올라가서는 더 높은 산에 오르도록 하기 위해 다시 떨어뜨리는 것이 사장의 할 일이다.

– 윤문석(시만텍 코리아 사장)

촌철활인 | 한 치의 혀로 사람을 살린다

직원들을 불안하게 만드는 것은 직원에 대한 크나큰 애정 없이는 불가능합니다. GE에너지 아태지역 최치훈 사장이 전하는 GE의 인재육성도 같은 맥락에서 이해됩니다. "수영도 못 하는 사람을 수영장에 빠뜨립니다. 어떻게든 헤쳐 나오면 호수에 넣죠. 그 다음엔 바다에 빠뜨리죠. GE는 이렇게 사람을 키웁니다."

리더는 항상 좋은 사람일 수 없다

즉시 질책하라. 무엇을 잘못했는지 구체적으로 알려주어라. 그들의 잘못에 대해 당신이 어떻게 생각하는지 알려주어라. 절대 애매모호한 용어를 사용하지 말라.

– 케네스 블랜차드 & 스펜서 존슨, '인생을 단순화 하라'에서

촌철활인 | 한 치의 혀로 사람을 살린다

　리더는 칭찬만 하고 질책을 해서는 안 된다고 생각하는 사람이 있습니다. 그러나 리더는 항상 좋은 사람일 수는 없습니다. 때로는 질책하고 징계를 내릴 수 있어야 합니다. 그렇지 않으면 규칙 위반이 되풀이되기 쉽고 개선이 잘 이뤄지지 않기 때문입니다. 문제는 어떻게 직원들이 마음속으로부터 받아들일 수 있게 질책과 비판을 잘하느냐 하는 것입니다.

제대로 꾸중하는 방법

나는 3분을 야단치기 위해서 3시간 동안 고민한다. 야단이나 꾸중에는 분명히 의욕저하와 함께 생산성의 저하가 있다. 그래서 야단치는 사람은 신중해야 하고, 3시간을 투자할 정도의 열정이 있어야 한다. 이것이 바로 꾸중이다.

– 호리바 마사오(일본 호리바제작소 회장), '백만불짜리 웃음'에서

촌철활인 | 한 치의 혀로 사람을 살린다

잘못을 지적하여 새로운 가르침을 주는 것은 리더의 피할 수 없는 책무입니다. 꾸중을 위해 많은 시간 고민하다 보면, 감정적 대응 보다는 진정으로 부하직원의 성장을 바라는 차원에서 건설적인 대안을 제시할 수 있을 것입니다. 그러면 부하직원은 꾸중에 대해 감사와 존경 그리고 개선으로 답하게 됩니다.

내 잘못을 말하는 자가
나의 스승이다

나를 꾸짖으며 대해주는 사람은 나의 스승이고, 나를 올바로 대해주는 사람은 나의 벗이며, 나에게 아첨하는 자는 나의 적이다.

– 순자, '수신(修身)'에서

촌철활인 | 한 치의 혀로 사람을 살린다

조선중기 문인 김성일도 "내 잘못을 말하는 자가 내 스승이고 나를 좋게 말하는 자가 내 적이다."라고 말했습니다. 달콤한 말은 당장은 꿀맛 같지만 우리의 내면을 병들게 합니다. 반면에 진심으로 충고해주는 고언苦言 즉, 쓴 소리는 당장에는 아프지만 나를 성장케 합니다. (박수일·송원찬 저, '새기고 싶은 명문장'에서)

권선복
(도서출판 행복에너지 대표이사)

출판사를 경영하면서 참으로 다양한 도서를 세상에 내놓았지만 '행복한 경영이야기' 열 권 시리즈 출간만큼은 그 감회가 남다릅니다. '행복한 경영이야기'의 애독자로서, 휴넷 조영탁 대표의 팬이었던 제가 직접 이 시리즈를 제작했다는 사실만으로도 가슴이 벅찬 까닭입니다.

수차례 출간회의를 하며 교류한 조영탁 대표는 굉장히 유연한 사고방식과 인간미가 넘치는 사업관을 지닌 분이셨습니다. 한편으로는 완벽한 자기관리를 추구하는, 냉철한 CEO의 면모 또한 엿볼 수 있었습니다. 그렇기에 더욱 자신 있게 '행복한 경영이야기' 열 권 시리즈를 도서출판 행복에너지에서 야심작으로 출간할 수 있었습니다. 자신만의 성공과 특권이 아닌, 타인의 행복한 삶까지 늘 돌보는 그분의 마음은 진심이기 때문입니다.

행복한 경영이야기의 10년의 여정, 조영탁 대표의 그 열정에 다시 한 번 힘찬 응원의 박수를 보내며 행복에너지가 대한민국 방방곡곡에 전파되어 많은 사람들의 삶이 행복을 영위하게 되길 진심으로 기원합니다.

출간후기

〈모교 책 보내기 운동〉

대한민국의 뿌리, 대한민국의 미래 **청소년·청년**들에게 **책**을 보내주세요.

　많은 학교의 도서관이 가난해지고 있습니다. 그만큼 많은 학생들의 마음 또한 가난해지고 있습니다. 학교 도서관에는 색이 바래고 찢어진 책들이 나뒹굽니다. 더럽고 먼지만 앉은 책을 과연 누가 읽고 싶어 할까요?
　게임과 스마트폰에 중독된 초·중고생들. 입시의 문턱 앞에서 문제집에만 매달리는 고등학생들. 험난한 취업 준비에 책 읽을 시간조차 없는 대학생들. 아무런 꿈도 없이 정해진 길을 따라서만 가는 젊은이들이 과연 대한민국을 이끌 수 있을까요?

　한 권의 책은 한 사람의 인생을 바꾸는 힘을 가지고 있습니다. 한 사람의 인생이 바뀌면 한 나라의 국운이 바뀝니다. **저희 행복에너지에서는 베스트셀러와 각종 기관에서 우수도서로 선정된 도서를 중심으로 〈모교 책 보내기 운동〉을 펼치고 있습니다.** 대한민국의 미래, 젊은이들에게 좋은 책을 보내주십시오. 독자 여러분의 자랑스러운 모교에 보내진 한 권의 책은 더 크게 성장할 대한민국의 발판이 될 것입니다.

　도서출판 행복에너지를 성원해주시는 독자 여러분의 많은 관심과 참여 부탁드리겠습니다.

도서출판 **행복에너지** 임직원 일동
문의전화　0505-613-6133

부부가 함께 만드는 행복 사다리

신진우 지음 | 284쪽 | 값 15,000원

그렇게나 사랑한 나머지 손을 꼭 붙들고 함께 식장에 들어섰던 그 혹은 그녀의 존재를 재확인하고 다시 인정하는 것에서부터 관계의 회복은 시작된다. 책 『부부가 만드는 행복 사다리』는 너무나도 당연한 부부간의 다툼을 어떻게 받아들이고 부부싸움 후 어떠한 방식으로 화해의 실마리를 풀어가야 하는가에 대해 한 수 알려준다.

그대 인연을 사랑하라

남달구 지음 | 300쪽 | 값 15,000원

『그대 인연을 사랑하라』는 비록 남달구 기자가 세상에 내놓는 첫 번째 책이지만 안에 담긴 '맛과 멋'은 장인의 솜씨와 열정 그대로이다. 특종과 이슈가 아닌 '가치와 진실' 그리고 '참 나'를 찾아 떠나온 삶의 여정. 책 『그대 인연을 사랑하라』는 수많은 독자에게 참된 나와 진실한 세상으로 가는 길목의 이정표가 되어줄 것이다.

인생 네 멋대로 그려라

이원종 지음 | 304쪽 | 값 15,000원

내 인생은 남이 그려 주지 못한다. 내가 그려야 한다. 내가 하고 싶고 나만이 할 수 있는, 독특한 내 멋대로의 인생을 그려 가야 한다. 이왕이면 대작, 천하를 호령하는 걸작을 그려 가야 하지 않겠는가? 자신이 느끼고 체험했던 사실들이 인생의 초행길을 가는 젊은이들에게 자그마한 등불이 되길 바라는 저자의 마음을 느껴보자.

하루 7분 기적의 글쓰기

김병규 지음 | 256쪽 | 값 15,000원

참 '말' 많은 세상이지만 정작 몇 줄 글을 제대로 쓰는 사람은 찾아보기 힘든 세상이다. 책 『하루 7분 기적의 글쓰기』는 누구나에게 익숙한 장르인 수필을 중심으로 쉬운 글쓰기의 진수를 보여준다. 하루 5분은 이 책을 읽고 2분은 자신만의 글을 쓴다면 글쓰기는 더 이상 두려움을 대상이 아닌, 삶의 맛을 더욱 풍성하게 해주는 향신료로 다가올 것이다.